全国高等职业院校预防医学专业规划教材

卫生法律法规

（供预防医学、护理、临床医学、药学、食品类等专业用）

主　编　黄艳连　张　倩
副主编　马关培　凌　敏
编　者　（以姓氏笔画为序）
　　　　马关培（广州卫生职业技术学院）
　　　　王　丹（山东医药技师学院）
　　　　朱　娟（广东江门中医药职业学院）
　　　　刘　红（江苏医药职业学院）
　　　　张　倩（辽宁医药职业学院）
　　　　郭　宁（辽宁医药职业学院）
　　　　凌　敏（长沙卫生职业学院）
　　　　黄艳连（广东江门中医药职业学院）
　　　　童　磊（重庆三峡医药高等专科学校）

中国健康传媒集团
中国医药科技出版社 ·北京

内 容 提 要

本教材为"全国高等职业院校预防医学专业规划规划"之一，全书共13章，主要包括卫生法律法规的基础理论、卫生技术人员管理法律制度、食品安全管理法律制度等预防医学、药学及临床中涉及的法律法规。每章设置学习目标、情境导入、知识链接、目标检测等模块，符合高职学生认知、学习特点，强调理论与实践紧密结合。本教材为书网融合教材，即纸质教材融合电子教材、教学配套资源、题库系统、数字化教学服务，便教易学。

本教材主要供全国高等职业院校预防医学、护理、临床医学、药学、食品类等专业教学使用，也可作为医疗机构工作人员的参考书籍，以及为社会上对卫生法律法规有需要者提供自学教材。

图书在版编目（CIP）数据

卫生法律法规/黄艳连，张倩主编．—北京：中国医药科技出版社，2023.12（2025.7重印）．

全国高等职业院校预防医学专业规划教材

ISBN 978 - 7 - 5214 - 4318 - 9

Ⅰ.①卫…　Ⅱ.①黄…②张…　Ⅲ.①卫生法 - 中国 - 高等职业教育 - 教材　Ⅳ.①D922.16

中国国家版本馆 CIP 数据核字（2023）第 236213 号

美术编辑　陈君杞
版式设计　友全图文

出版　**中国健康传媒集团**｜中国医药科技出版社
地址　北京市海淀区文慧园北路甲 22 号
邮编　100082
电话　发行：010 - 62227427　邮购：010 - 62236938
网址　www. cmstp. com
规格　889 × 1194mm $^1/_{16}$
印张　9 $^1/_4$
字数　272 千字
版次　2024 年 1 月第 1 版
印次　2025 年 7 月第 2 次印刷
印刷　北京金康利印刷有限公司
经销　全国各地新华书店
书号　ISBN 978 - 7 - 5214 - 4318 - 9
定价　**39. 00 元**

获取新书信息、投稿、为图书纠错，请扫码联系我们。

出版说明

为了贯彻党的二十大精神，落实《国家职业教育改革实施方案》《关于推动现代职业教育高质量发展的意见》等文件精神，对标国家健康战略、服务健康产业转型升级，服务职业教育教学改革，对接职业岗位需求，强化职业能力培养，中国健康传媒集团中国医药科技出版社在教育部、国家药品监督管理局的领导下，组织相关院校和企业专家编写"全国高等职业院校预防医学专业规划教材"。本套教材具有以下特点。

1.强化课程思政，体现立德树人

坚决把立德树人贯穿、落实到教材建设全过程的各方面、各环节。教材编写将价值塑造、知识传授和能力培养三者融为一体。在教材专业内容中渗透我国医疗卫生事业人才培养需要的有温度、有情怀的职业素养要求，着重体现加强救死扶伤的道术、心中有爱的仁术、知识扎实的学术、本领过硬的技术、方法科学的艺术的教育。引导学生始终把人民群众生命安全和身体健康放在首位，尊重患者，善于沟通，提升综合素养和人文修养，提升依法应对重大突发公共卫生事件的能力，做医德高尚、医术精湛的健康守护者。

2.体现职教精神，突出必需够用

教材编写坚持"以就业为导向、以全面素质为基础、以能力为本位"的现代职业教育教学改革方向，根据《高等职业学校专业教学标准》《职业教育专业目录(2021)》要求，教材编写落实"必需、够用"原则，以培养满足岗位需求、教学需求和社会需求的高素质技能型人才，体现高职教育特点。同时做到与技能竞赛考核、职业技能等级证书考核的有机结合。

3.坚持工学结合，注重德技并修

围绕"教随产出，产教同行"，教材融入行业人员参与编写，强化以岗位需求为导向的理实教学，注重理论知识与岗位需求相结合，对接职业标准和岗位要求。设置"学习目标""情景导入""知识链接""重点小结""练习题"等模块，培养学生理论联系实践的综合分析能力；增强教材的可读性和实用性，培养学生学习的自觉性和主动性，强化培养学生创新思维能力和操作能力。

4.建设立体教材，丰富教学资源

依托"医药大学堂"在线学习平台搭建与教材配套的数字化资源(数字教材、教学课件、图片、视频、动画及练习题等)，丰富多样化、立体化教学资源，并提升教学手段，促进师生互动，满足教学管理需要，为提高教育教学水平和质量提供支撑。

本套教材的出版得到了全国知名专家的精心指导和各有关院校领导与编者的大力支持，在此一并表示衷心感谢。希望广大师生在教学中积极使用本套教材并提出宝贵意见，以便修订完善，共同打造精品教材。

数字化教材编委会

主　编　黄艳连　张　倩

副主编　马关培　凌　敏

编　者　（以姓氏笔画为序）

马关培（广州卫生职业技术学院）

王　丹（山东医药技师学院）

朱　娟（广东江门中医药职业学院）

刘　红（江苏医药职业学院）

张　倩（辽宁医药职业学院）

郭　宁（辽宁医药职业学院）

凌　敏（长沙卫生职业学院）

黄艳连（广东江门中医药职业学院）

童　磊（重庆三峡医药高等专科学校）

PREFACE
前言 ▶

党的二十大报告指出，推进健康中国建设，把保障人民健康放在优先发展的战略位置。人民健康是民族昌盛和国家富强的重要标志。2020年6月1日实施的我国卫生健康领域第一部基础性、综合性法律《基本医疗卫生与健康促进法》，则为"健康中国"战略奠定了法律基础，为我国从"以疾病为中心"向"以健康为中心"的转变提供了坚实的法律保障。卫生法律法规教材作为传授知识的工具和传播卫生法律价值理念的载体，在对医学生的卫生法律法规教育中发挥着决定性作用。

本教材共13章。主要内容包括常用的卫生法律法规基础理论、卫生技术人员管理法律制度、食品安全管理法制制度等临床医学、预防医学、护理、药学、食品类专业中涉及的法律法规。第一章概括地阐述卫生法律法规基础理论。第二章至第九章分别论述了基本医疗卫生与健康促进法律制度、医疗机构管理法律制度、卫生技术人员管理法律制度、医疗纠纷处理法律制度、食品安全管理法律制度、药品管理法律制度、疾病预防与控制法律法规、公共卫生管理法律制度。第十章至第十三章论述了突发公共卫生事件应急法律制度、母婴保健法律制度、血液管理法律制度、精神卫生法律制度。本教材主要适用于高职医学院校学生，通过学习卫生法律法规，帮助学生树立卫生法治观念，培养学生的卫生法治思维，规范职业行为。

本教材编写组成员有广东江门中医药职业学院黄艳连、朱娟，辽宁医药职业学院的张倩、郭宁，广州卫生职业技术学院的马关培，长沙卫生职业学院的凌敏，山东医药技师学院的王丹，重庆三峡医药高等专科学校的童磊，江苏医药职业学院的刘红，他们都是长期从事卫生法律法规教学、临床和研究的教师。教材章节经各位编者交叉审稿后，最后由黄艳连统稿、修正、定稿。

本教材编写工作的顺利完成，与各位编者的高度责任心密不可分的，各参编学校给予了大力支持，在此表示感谢。由于法律修订更新快等原因，书中难免存在不足之处，恳请读者批评指正，以便修订时完善。

编　者
2023 年 10 月

CONTENTS
目录 ▶

卫生法律法规

第一章　卫生法律法规基础理论

PPT

情境导入

情境：李某从2022年10月，在某地开办医疗机构，用中草药行医。某市卫生监督机构对李某进行检查时，发现其没有《医疗机构执业许可证》，李某也没有执业医师资格证。执法部门认定李某为非医师行医，经行政处罚听证告知程序后作出予以取缔，并对李某作出行政处罚决定。

思考：李某的行为违反了哪些法律法规？

解析

第一节　卫生法律法规的概念和作用

一、卫生法律法规的概念

卫生法律法规是指由国家制定或认可，并由国家强制力保证实施的，旨在调整和保护人体生命健康活动中形成的各种社会关系的法律规范的总称。卫生法律法规是国家意志和利益在卫生领域中的具体体现。

卫生法律法规有狭义和广义两种理解。狭义的是指国家立法机关按照法定程序所制定的以卫生法典命名的卫生法。广义的是指调整社会卫生关系的法律规范的总称，或泛指一切卫生法律规范，包括以其他法律、法规、规章、司法解释等形式表现出来的卫生法律规范。

二、卫生法律法规的形式

卫生法律法规的形式是指卫生法律法规的具体的外部表现形态。也就是通常说的卫生法律法规的渊源。主要包括以下内容。

（一）宪法

《中华人民共和国宪法》简称宪法，是我国的根本法，它是包括卫生法部门在内的所有法律部门的重要法源。我国宪法中有关维护人民健康的医药卫生方面的条款，就是我国卫生法的法律依据之一，是制定卫生法律法规的重要依据，而且在卫生法体系中具有最高的法律效力。宪法第二十一条明确规定："国家发展医疗卫生事业发展现代医药和我国传统医药，鼓励和支持农村集体经济组织、国家企业事业组织和街道组织举办各种医疗卫生设施，开展群众性的卫生活动，保护人民健康。"

（二）卫生法律

卫生法律是由全国人大及其常委会所制定的法律文件。它包括两大类：一类是由全国人大制定的，称为卫生基本法；另一类是由全国人大常委会制定的，称为基本法律以外的卫生法律。

我国目前尚没有由全国人大制定的卫生基本法律。现行的由全国人大常委会制定的直接关于医药卫生、维护人民健康方面的专门法律，诸如《中华人民共和国传染病防治法》《中华人民共和国药品管理法》《中华人民共和国母婴保健法》《中华人民共和国献血法》《中华人民共和国医师法》《中华人民共和国职业病防治法》等，是我国卫生法体系中的骨干部分，也是卫生法直接的重要的法源。另一部分是由全国人大及其常委会制定的，其他部门法中有关医药卫生、维护人民健康的规定或条款，例如《中华人民共和国刑法》中规定在医药卫生、维护人民健康方面所禁止的行为以及对实施了这些行为造成严重社会危害的犯罪主体的刑罚的条款；《中华人民共和国劳动法》《中华人民共和国民法典》等规定对公民健康权的保护条款等，这些都是卫生法的组成部分，可以视为卫生法的间接渊源。

 知识链接

《中华人民共和国民法典》

2020 年 5 月 28 日，十三届全国人大三次会议表决通过了《中华人民共和国民法典》（简称《民法典》）。民法典被誉为最强保护公民民事权利的"社会生活的百科全书"，共 7 编、1260 条，各编依次为总则、物权、合同、人格权、婚姻家庭、继承、侵权责任，以及附则。自 2021 年 1 月 1 日起施行。婚姻法、继承法、民法通则、收养法、担保法、合同法、物权法、侵权责任法、民法总则同时废止。

《中华人民共和国民法典》是一部具有鲜明中国特色、实践特色、时代特色的民法典，是中华人民共和国成立以来第一部以"法典"命名的法律，对推进社会主义法治建设具有里程碑意义。

（三）卫生行政法规

卫生行政法规，即由国家最高行政机关国务院按照法定程序制定并颁布或批准颁布的在全国实施的有关医药卫生的规范性文件，这是卫生法最直接、最主要的法源。例如《医疗机构管理条例》《医疗事故处理条例》《护士条例》等。

（四）地方性卫生法规、规章

地方性卫生法规在卫生法法源中也占有重要地位。所谓地方性卫生法规规章，即由全国各省、直辖市人大及其常委会、省会市和国务院规定的较大市的人民代表大会及其常委会，结合本地实际，依法制定和批准的关于本地区的各种医药卫生条例、办法、规定和决定等。

（五）自治条例与单行条例

卫生自治条例与单行条例，即由民族自治地区的人大及其常委会依法在其职权范围内根据当地民族的政治、经济、文化的特点，制定并发布实施的有关本地区医药卫生行政管理方面的法律文件。卫生自治条例与单行条例，作为卫生法法源，只限于民族自治地区适用。

（六）卫生标准和技术规程

卫生标准、卫生技术性规范和操作规程（统称"技术规程"），一经法律、法规确认，便可成为我国卫生法律体系的组成部分。由于卫生法律、行政法规比较抽象，除了卫生规章予以具体化外，还需要卫生标准和技术规程予以细化。我国的卫生标准和技术规程可分为国家标准、行业标准和地方标准，是执法部门进行卫生管理、监督、监测和执法的依据。

（七）国际卫生公约、条约

国际卫生公约、条约是指我国与外国政府或国际组织缔结的双边或者多边卫生条约、协议和其他具有条约、协议性质的规范性法律文件，如《国际卫生条例》《精神药物公约》等。国际卫生公约、条约虽然不属于我国国内法的范畴，但我国政府一旦参加缔结或者成为某一国际卫生法规的签字国，它就成为我国卫生法的法律依据之一，那么除我国政府声明保留的条款外，其在我国有优先适用的效力，对我国同样具有约束力。

三、卫生法律法规的原则

根据《中华人民共和国立法法》的规定，卫生立法活动遵循以下基本原则。

（一）遵循宪法的基本原则

宪法是我国的根本法，坚持和维护宪法原则，才能使卫生立法工作坚持正确的政治方向，反映人民群众医药卫生方面的愿望和要求，以保障和实现宪法所确定的公民的卫生权益。

（二）维护公民健康利益原则

保护人体生命健康是我国一切卫生工作和卫生立法的根本宗旨和最终目的。

我国高度重视公民身心健康权，维护公民健康利益原则体现在司法机关执行法律过程中，要求和公民身心健康有关的组织和个人都要牢固树立维护健康权利的意识，一切卫生工作和活动都必须从全体公民健康利益出发，保护人体健康，使人人获得有质量的卫生保健的权利。

（三）预防为主、防治结合原则

预防为主是我国卫生工作的根本方针，它是卫生立法及司法必须遵循的一条重要原则。预防和治疗，是医疗卫生保健工作的两大基本组成部分，主动地预防可以减少患病风险，降低防治疾病的社会成本，减小疾病的发生概率，把防疫工作放在首位，做到防治结合。

（四）坚持民主立法的原则

卫生法律法规的制定要坚持群众路线，广泛听取人民群众的意见，有利于加强卫生立法的民主性、科学性，调动人民的积极性和主动性，保证卫生法律法规在现实生活中得到真正的遵守。

（五）从实际出发的原则

卫生法律法规的制定，最根本的就是从我国的卫生国情出发，深入实际，调查研究，在充分考虑我国的基本国情，在体现中国特色的前提下，适当借鉴、吸收国外及本国历史上卫生立法的有益经验，注意与国际接轨。

四、卫生法律法规的效力

卫生法律法规的效力范围是指卫生法的生效范围或适用范围，即卫生法在什么时间、什么地方和对什么人适用，包括卫生法的时间效力、空间效力和对人的效力三个方面。划分卫生法的效力等级应当遵循如下规则。

（一）卫生法效力等级的一般规则

宪法具有最高的法律效力，一切卫生法律、卫生行政法规、地方性卫生法规、卫生自治条例与单行条例、卫生部门规章等都不得与宪法相抵触。

卫生法律的效力高于卫生行政法规、地方性卫生法规和卫生规章；卫生行政法规的效力高于地方性卫生法规、卫生规章；地方性卫生法规的效力高于本级和下级地方政府卫生规章。

1. 卫生法的时间效力　指卫生法何时生效、何时失效，对卫生法生效前所发生的行为和事件是否具有溯及力的问题。

2. 卫生法的空间效力　指卫生法生效的地域范围，也就是说，卫生法在哪些地方具有拘束力。

3. 卫生法对人的效力　该效力是指卫生法对哪些人具有拘束力。

（二）卫生法效力的特殊规则

1. 上位法优于下位法　不同位阶的卫生法律规范发生冲突时，应当选择适用位阶高的卫生法律规范。

2. 特别规定优于一般规定　即"特别法优于一般法"。同一机关制定的卫生法律法规，特别规定与一般规定不一致时，适用特别规定。

3. 新的规定优于旧的规定　即"新法优于旧法"。同一机关制定的卫生法律、卫生行政法规、方性卫生法规、卫生自治条例和单行条例、卫生规章，新的规定与旧的规定不一致的，适用新的规定。

五、卫生法律法规的作用

卫生法律法规的作用是指卫生法律法规对个人与社会所产生的积极的影响，包括规范作用和社会作用。

（一）卫生法律法规的规范作用

卫生法律法规的规范作用可以概括为具有指引、预测、评价、教育和强制的作用。

1. 指引作用　是指卫生法对个人行为所起的引导作用。卫生法律法规引导人们在法律范围内活动，对违反卫生法律规范将承担的法律后果的规定，来指引人们权衡得失，自觉守法。

2. 预测作用　是指人们根据卫生法，可以预先估计相互间将作出怎样的行为以及行为的后果等，从而对自己的行为作出合理的安排，适时调整自己的行为。

3. 评价作用　卫生法律法规的行为评价作用是用卫生法律来衡量、判断他人卫生行为是否符合卫生法律法规。

4. 教育作用　通过卫生法律法规的实施，对一般人的行为起教育作用，并按卫生法律规范自己的行为。

5. 强制作用　卫生法律法规是由国家强制实施的，具有强制作用。主要通过制裁、惩罚违法犯罪行为，以及预防违法犯罪行为发生。

（二）卫生法律法规的社会作用

卫生法律法规的社会作用主要是实现社会卫生事务管理的作用，其最终的目的是保护人的身体健康和健全的社会适应能力。具体说来，卫生法的社会作用主要体现在以下两个方面。

1. 贯彻党的卫生政策，促进国家卫生服务体系的完善与发展。在中国共产党领导下，制定国家卫生政策和卫生立法指导各级政府的卫生工作和人们的卫生行为。卫生健康主管部门和司法机关可以根据卫生法律规范的规定，坚持依法行政，切实保护公民和社会组织的合法权益，促进国家卫生服务体系的完善与发展。

2. 保障公民生命健康，促进经济发展。卫生工作的目的是防病治病，保护人类健康。卫生法律法规就是国家围绕并实现这一目的而制定的行为规范的总和。把现代卫生工作中的许多卫生标准、卫生技术规范和操作规程变成了具有国家强制力的法律规范，使公民的生命健康权从法律上得到有效保障。卫生法律法规保护人体的生命健康也就是最终保护生产力，为经济建设发挥巨大的推动和促进作用。

第二节　卫生法律关系

卫生法律关系是在卫生法律调整卫生社会关系的过程中形成的权利和义务关系。

一、卫生法律关系的构成要素

卫生法律关系同其他法律关系一样，也是由主体、客体和内容三方面的要素构成。

（一）卫生法律关系的主体

卫生法律关系的主体指卫生法律关系的参加者，即在卫生法律关系中享有权利并承担义务的当事人。其中，享有权利的一方，称为权利主体；负有义务的一方，称为义务主体。构成卫生法律关系主体的主要有三类：一是自然人，包括公民、外国人和无国籍人；二是法人及其他组织。两类都可成为相互平等的民事法律关系的主体。三是国家机关，构成卫生行政法律关系主体的各级卫生行政机关和卫生行政管理部门。

（二）卫生法律关系的客体

卫生法律关系的客体，是指卫生法律关系的主体之间权利和义务所指向的共同对象。它是联系卫生法律关系主体的权利和义务的纽带，没有客体，就不可能形成卫生法律关系。

1. 行为　指卫生法律关系中主体行使权利、履行义务所进行的活动，如卫生监督、卫生许可、卫生审批、医疗服务等。

2. 物　指法律关系主体支配的、在生产和生活上所需要的客观实体，包括我国卫生法涉及的药品、食品、化妆品、保健品、医疗器械等。

3. 智力成果　指主体从事智力活动所取得的成果，如各种医学技术发明、专利、设计、著作等，国家依法保护知识产权。

4. 人的生命健康利益　指附着在主体身上的能满足主体需要的客观事物，包括人的生命、身体及生理功能等，是卫生法律关系中最高层次的客体。

（三）卫生法律关系的内容

卫生法律关系的内容指卫生法律关系的主体依法所享有的权利和承担的义务。卫生权利是卫生法律所允许的卫生法律关系主体为了满足自己的利益而采取的、由其他人的法律义务所保障的法律手段。卫生义务，则是义务人必须依法按照权利人的要求作出一定行为或不做出一定行为。

二、卫生法律关系的运行

任何法律关系都是一个动态的过程，即法律关系的形成、变更和消除。卫生法律关系同其他法律关系一样，不是自然而然地形成的，也不是一成不变的永恒存在，而是在一定条件下，有一个从形成到终止的演变过程。所谓形成指卫生法律关系主体之间产生了权利和义务关系；变更指卫生法律关系在主体、客体和内容等方面的改变；消除指卫生法律关系主体间的权利与义务关系完全终止。

第三节　卫生法律的守法、适用和责任

一、卫生法律的守法

卫生法律的守法又称卫生遵守，是指一切国家机关和武装力量、各政党和各社会团体、各企业事业织和全体公民都必须恪守卫生法律的规定，严格依法办事。卫生法律的守法是卫生法实施的一种重要形式，也是法治的基本内容和要求。

1. 卫生法律的守法主体　卫生法律的守法主体包括一切国家机关、社会组织和全体中国公民，在中国领域内活动的国际组织、外国组织、外国公民和无国籍人员。

2. 卫生法律的守法范围　卫生法律的守法范围极其广泛，主要包括宪法、卫生法律、卫生行政法规、地方性卫生法规、卫生自治条例和单行条例、卫生规章、特别行政区的卫生法、我国参加的世界卫生组织的章程及我国参与缔结或加入的国际卫生条约、协定等，以及卫生法律适用过程中，有关国家机关依法做出的、具有法律效力的决定书。此外，公共卫生秩序、居民卫生公约、卫生公德等也属于卫生守法的范围。

3. 卫生法律的守法内容　卫生法律的守法不是消极、被动的，它既要求国家机关、社会组织和公民依法承担和履行卫生义务，更包含国家机关、社会组织和公民依法享有权利。其内容包括依法行使权利和履行义务两个方面。

二、卫生法律的适用

卫生法律的适用有广义和狭义之分。从广义上来讲，卫生法律的适用是指国家机关和法律、法规授权的社会组织，依照法定的职权和程序，行使国家权力，将卫生法律规范创造性地运用到具体的人或组织，用来解决具体问题的一种专门活动。它包括医药卫生健康主管部门以及法律、法规授权的组织依法进行的卫执法活动，司法机关依法处理有关卫生违法和犯罪案件的司法活动。从狭义上来讲，卫生法律的适用仅指司法活动。卫生法律的适用是一种国家活动，具有以下特点。

1. 权威性　卫生法律的适用是体现国家意志的活动，具有法的普遍约束力和强制性，因而也具有极强的权威性。

2. 特定性　卫生法律适用的根本目的是保护公民的生命健康权。

3. 合法性　有关机关及授权组织对卫生管理事务或案件的处理，应当有相应的法律依据。

4. 国家强制性　卫生法律的适用是以国家强制力为后盾实施的活动。

三、卫生法律责任

（一）卫生法律责任的概念

卫生法律责任是指卫生法律关系主体由于违反法定义务或约定义务，所应承担的带有强制性的法律后果。

（二）卫生法律责任的种类

根据行为人违反法律规范的性质和危害程度，卫生法律责任分为民事责任、行政责任、刑事责任三种。

1. 卫生民事责任　指卫生机构或卫生工作人员或从事与卫生有关的机构违反法律规定侵害公民健康权利时，应向受害人承担赔偿责任。公民、法人由于过错侵害国家的、集体的财产，侵害他人财产、人身的生命健康，应当承担民事责任。

2. 卫生行政责任　指卫生行政法律关系主体违反卫生行政法律规范，尚未构成犯罪所应承担的法规后果。根据我国现行卫生行政管理法规的规定，包括行政处罚和行政处分两种。

（1）卫生行政处罚　是指卫生行政机关对违反了卫生法律法规的管理相对人所实施的一种行政制裁。卫生行政处罚的种类主要有：警告、罚款、没收违法所得、没收非法财物、责令停产停业、暂扣或吊销有关许可证等。

（2）卫生行政处分　是指行政机关或企事业单位依据行政隶属关系，对违法、违纪或失职人员给予的一种行政制裁。行政处分主要包括警告、记过、记大过、降级、降职、撤职、开除。

3. 卫生刑事责任　指违反卫生法的行为，侵害了刑法所保护的社会关系构成犯罪所应承担的法律后果。卫生法律法规对于刑事责任的规定，直接引用刑法中有关条款的规定。

刑罚分为主刑和附加刑。主刑的种类包括：管制；拘役；有期徒刑；无期徒刑；死刑。附加刑的种类包括：罚金；剥夺政治权利；没收财产。附加刑也可以独立适用。对于犯罪的外籍人员，可以独立适用或者附加适用驱逐出境。

✐ 练习题

答案解析

一、单项选择题

1. 根据行为人违反法律规范的性质和危害程度，卫生法律责任分为民事责任、行政责任和（　　）三种

   A. 刑事责任　　　　　　　　　B. 行政处分

   C. 警告　　　　　　　　　　　D. 罚款

2. 卫生法律关系的主体不包括（　　）

   A. 生物制品　　　　　　　　　B. 国家机关

   C. 社会团体　　　　　　　　　D. 企事业单位

3. （　　）是我国的根本法

   A. 卫生法　　　　　　　　　　B. 宪法

   C. 传染病防治法　　　　　　　D. 刑法

二、多项选择题

1. 根据行为人违反法律规范的性质和危害程度，卫生法律责任包括（　　）

   A. 民事责任　　　　　　　　　B. 警告

   C. 行政责任　　　　　　　　　D. 刑事责任

2. 卫生法的适用是一种国家活动，具有以下（　）特点

    A. 权威性　　　　　　　　　　B. 特定性

    C. 国家强制性　　　　　　　　D. 程序性

三、简答题

1. 卫生法律法规的原则有哪些？

2. 卫生法律法规有哪些形式？

（黄艳连　马关培）

书网融合……

    本章小结

    微课

    题库

第二章　基本医疗卫生与健康促进法律制度

PPT

情境导入

情境：2021 年 3 月 11 日，第十三届全国人大第四次会议表决通过了关于国民经济和社会发展第十四个五年规划和 2035 年远景目标纲要的决议，明确把保障人民健康放在优先发展的战略位置，坚持预防为主的方针，深入实施健康中国行动，完善国民健康促进政策，织牢国家公共卫生防护网，为人民提供全方位全生命期健康服务。

人口老龄化是人类社会发展的客观趋势，我国老年人口规模大，老龄化速度快，老年人需求结构正在从生存型向发展型转变。2021 年 12 月 30 日，国务院发布《"十四五"国家老龄事业发展和养老服务体系规划》，实施积极应对人口老龄化国家战略，推动老龄事业和产业协同发展，构建和完善兜底性、普惠型、多样化的养老服务体系，不断满足老年人日益增长的多层次、高品质健康养老需求。

思考：

1. 基本医疗卫生与健康促进工作的立法理念和立法意义分别是什么？

2. 健康促进有哪些措施？

解析

健康是促进人全面发展的必然要求，是经济社会发展的基础条件。推进健康中国建设，是全面建成小康社会、基本实现社会主义现代化的重要基础，是全面提升中华民族健康素质、实现人民健康与经济社会协调发展的国家战略。

第一节　概　述

一、立法概况

为了发展医疗卫生与健康事业，保障公民享有基本医疗卫生服务，提高公民健康水平，推进健康中国建设，2019 年 12 月 28 日，第十三届全国人民代表大会常务委员会第十五次会议通过了《中华人民共和国基本医疗卫生与健康促进法》（以下简称《基本医疗卫生与健康促进法》），自 2020 年 6 月 1 日起施行。

《基本医疗卫生与健康促进法》是我国卫生与健康领域第一部基础性、综合性的法律，共分十章 110 条，涵盖基本医疗卫生服务、医疗卫生机构和人员、药品供应保障、健康促进、资金保障等方面内容。

二、立法理念

《基本医疗卫生与健康促进法》彰显"保基本、强基层、促健康"理念。

国家实施健康中国战略，普及健康生活，优化健康服务，完善健康保障，建设健康环境，发展健康产业，提升公民全生命周期健康水平。国家建立健康教育制度，保障公民获得健康教育的权利，提高公民的健康素养。

医疗卫生与健康事业应当坚持以人民为中心，为人民健康服务。医疗卫生事业应当坚持公益性原则。国家合理规划和配置医疗卫生资源，以基层为重点，采取多种措施优先支持县级以下医疗卫生机构发展，提高其医疗卫生服务能力。

各级人民政府应当把人民健康放在优先发展的战略地位，将健康理念融入各项政策，坚持预防为主，完善健康促进工作体系，组织实施健康促进的规划和行动，推进全民健身，建立健康影响评估制度，将公民主要健康指标改善情况纳入政府目标责任考核。全社会应当共同关心和支持医疗卫生与健康事业的发展。

第二节　基本医疗卫生服务与健康促进

一、基本医疗卫生服务

基本医疗卫生服务，是指维护人体健康所必需、与经济社会发展水平相适应、公民可公平获得的，采用适宜药物、适宜技术、适宜设备提供的疾病预防、诊断、治疗、护理和康复等服务。基本医疗卫生服务包括基本公共卫生服务和基本医疗服务。基本公共卫生服务由国家免费提供。

（一）基本公共卫生服务

1. 国家基本公共卫生服务项目　国家基本公共卫生服务项目由国务院卫生健康主管部门会同国务院财政部门、中医药主管部门等共同确定。省、自治区、直辖市人民政府可以在国家基本公共卫生服务项目基础上，补充确定本行政区域的基本公共卫生服务项目，并报国务院卫生健康主管部门备案。

2. 突发事件卫生应急　国家建立健全突发事件卫生应急体系，制定和完善应急预案，组织开展突发事件的医疗救治、卫生学调查处置和心理援助等卫生应急工作，有效控制和消除危害。

3. 传染病防控 国家建立传染病防控制度，制定传染病防治规划并组织实施，加强传染病监测预警，坚持预防为主、防治结合，联防联控、群防群控、源头防控、综合治理，阻断传播途径，保护易感人群，降低传染病的危害。

4. 预防接种 国家实行预防接种制度，加强免疫规划工作。居民有依法接种免疫规划疫苗的权利和义务。政府向居民免费提供免疫规划疫苗。

5. 慢性非传染性疾病防控与管理 国家建立慢性非传染性疾病防控与管理制度，对慢性非传染性疾病及其致病危险因素开展监测、调查和综合防控干预，及时发现高危人群，为患者和高危人群提供诊疗、早期干预、随访管理和健康教育等服务。

6. 职业健康保护 县级以上人民政府应当制定职业病防治规划，建立健全职业健康工作机制，加强职业健康监督管理，提高职业病综合防治能力和水平。用人单位应当控制职业病危害因素，采取工程技术、个体防护和健康管理等综合治理措施，改善工作环境和劳动条件。

7. 妇幼保健 国家发展妇幼保健事业，建立健全妇幼健康服务体系，为妇女、儿童提供保健及常见病防治服务，保障妇女、儿童健康。国家采取措施，为公民提供婚前保健、孕产期保健等服务，促进生殖健康，预防出生缺陷。

8. 老年人保健 国家发展老年人保健事业。国务院和省、自治区、直辖市人民政府应当将老年人健康管理和常见病预防等纳入基本公共卫生服务项目。

9. 残疾预防和康复 国家发展残疾预防和残疾人康复事业，完善残疾预防和残疾人康复及其保障体系，采取措施为残疾人提供基本康复服务。县级以上人民政府应当优先开展残疾儿童康复工作，实行康复与教育相结合。

10. 院前急救 国家建立健全院前急救体系，为急危重症患者提供及时、规范、有效的急救服务。卫生健康主管部门、红十字会等有关部门、组织应当积极开展急救培训，普及急救知识，鼓励医疗卫生人员、经过急救培训的人员积极参与公共场所急救服务。公共场所应当按照规定配备必要的急救设备、设施。急救中心（站）不得以未付费为由拒绝或者拖延为急危重症患者提供急救服务。

11. 精神卫生 国家发展精神卫生事业，建设完善精神卫生服务体系，维护和增进公民心理健康，预防、治疗精神障碍。

（二）基本医疗服务

基本医疗服务主要由政府举办的医疗卫生机构提供。鼓励社会力量举办的医疗卫生机构提供基本医疗服务。

1. 分级诊疗 国家推进基本医疗服务实行分级诊疗制度，引导非急诊患者首先到基层医疗卫生机构就诊，实行首诊负责制和转诊审核责任制，逐步建立基层首诊、双向转诊、急慢分治、上下联动的机制，并与基本医疗保险制度相衔接。

县级以上地方人民政府根据本行政区域医疗卫生需求，整合区域内政府举办的医疗卫生资源，因地制宜建立医疗联合体等协同联动的医疗服务合作机制。鼓励社会力量举办的医疗卫生机构参与医疗服务合作机制。

2. 家庭医生签约服务 国家推进基层医疗卫生机构实行家庭医生签约服务，建立家庭医生服务团队，与居民签订协议，根据居民健康状况和医疗需求提供基本医疗卫生服务。

3. 知情同意权 公民接受医疗卫生服务，对病情、诊疗方案、医疗风险、医疗费用等事项依法享有知情同意的权利。

4. 医疗卫生权利和义务 公民接受医疗卫生服务，应当受到尊重。医疗卫生机构、医疗卫生人员应当关心爱护、平等对待患者，尊重患者人格尊严，保护患者隐私。公民接受医疗卫生服务，应当遵守诊疗制度和医疗卫生服务秩序，尊重医疗卫生人员。

二、健康促进

（一）健康教育

1. 各级人民政府　各级人民政府应当加强健康教育工作及其专业人才培养，建立健康知识和技能核心信息发布制度，普及健康科学知识，向公众提供科学、准确的健康信息。

2. 相关机构、组织　医疗卫生、教育、体育、宣传等机构、基层群众性自治组织和社会组织应当开展健康知识的宣传和普及。医疗卫生人员在提供医疗卫生服务时，应当对患者开展健康教育。新闻媒体应当开展健康知识的公益宣传。健康知识的宣传应当科学、准确。

3. 学校健康教育　国家将健康教育纳入国民教育体系。学校应当利用多种形式实施健康教育，普及健康知识、科学健身知识、急救知识和技能，提高学生主动防病的意识，培养学生良好的卫生习惯和健康的行为习惯，减少、改善学生近视、肥胖等不良健康状况。

（二）公民个人在健康促进中的责任

公民是自己健康的第一责任人，树立和践行对自己健康负责的健康管理理念，主动学习健康知识，提高健康素养，加强健康管理。倡导家庭成员相互关爱，形成符合自身和家庭特点的健康生活方式。公民应当尊重他人的健康权利和利益，不得损害他人健康和社会公共利益。

国家制定并实施未成年人、妇女、老年人、残疾人等的健康工作计划，加强重点人群健康服务。国家推动长期护理保障工作，鼓励发展长期护理保险。

（三）环境健康促进

1. 健康危险因素监测　国家建立疾病和健康危险因素监测、调查和风险评估制度。国家加强影响健康的环境问题预防和治理，组织开展环境质量对健康影响的研究，采取措施预防和控制与环境问题有关的疾病。

2. 爱国卫生运动　国家大力开展爱国卫生运动，鼓励和支持开展爱国卫生月等群众性卫生与健康活动，依靠和动员群众控制和消除健康危险因素，改善环境卫生状况，建设健康城市、健康村镇、健康社区。

3. 食品、营养健康安全　国家建立科学、严格的食品、饮用水安全监督管理制度，提高安全水平。国家建立营养状况监测制度，实施经济欠发达地区、重点人群营养干预计划，开展未成年人和老年人营养改善行动，倡导健康饮食习惯，减少不健康饮食引起的疾病风险。

4. 全民健身　国家发展全民健身事业，完善覆盖城乡的全民健身公共服务体系，加强公共体育设施建设，组织开展和支持全民健身活动，加强全民健身指导服务，普及科学健身知识和方法。国家鼓励单位的体育场地设施向公众开放。

5. 公共场所卫生管理　国家完善公共场所卫生管理制度。县级以上人民政府卫生健康等主管部门应当加强对公共场所的卫生监督。公共场所控制吸烟，强化监督执法。烟草制品包装应当印制带有说明吸烟危害的警示。禁止向未成年人出售烟酒。

第三节　医疗卫生机构和医疗卫生人员

一、医疗卫生机构

医疗卫生机构，是指基层医疗卫生机构、医院和专业公共卫生机构等。

（一）医疗卫生服务体系

国家建立健全由基层医疗卫生机构、医院、专业公共卫生机构等组成的城乡全覆盖、功能互补、连续协同的医疗卫生服务体系。国家加强县级医院、乡镇卫生院、村卫生室、社区卫生服务中心（站）和专业公共卫生机构等的建设，建立健全农村医疗卫生服务网络和城市社区卫生服务网络。

1. 基层医疗卫生机构 主要提供预防、保健、健康教育、疾病管理，为居民建立健康档案，常见病、多发病的诊疗以及部分疾病的康复、护理，接收医院转诊患者，向医院转诊超出自身服务能力的患者等基本医疗卫生服务。

2. 医院 主要提供疾病诊治，特别是急危重症和疑难病症的诊疗，突发事件医疗处置和救援以及健康教育等医疗卫生服务，并开展医学教育、医疗卫生人员培训、医学科学研究和对基层医疗卫生机构的业务指导等工作。

3. 专业公共卫生机构 主要提供传染病、慢性非传染性疾病、职业病、地方病等疾病预防控制和健康教育、妇幼保健、精神卫生、院前急救、采供血、食品安全风险监测评估、出生缺陷防治等公共卫生服务。

（二）分类管理

国家对医疗卫生机构实行分类管理。医疗卫生服务体系坚持以非营利性医疗卫生机构为主体、营利性医疗卫生机构为补充。政府举办非营利性医疗卫生机构，在基本医疗卫生事业中发挥主导作用，保障基本医疗卫生服务公平可及。以政府资金、捐赠资产举办或者参与举办的医疗卫生机构不得设立为营利性医疗卫生机构。医疗卫生机构不得对外出租、承包医疗科室。非营利性医疗卫生机构不得向出资人、举办者分配或者变相分配收益。

（三）医疗卫生机构的管理

1. 医疗机构的条件 举办医疗机构，应当具备下列条件，按照国家有关规定办理审批或者备案手续：①有符合规定的名称、组织机构和场所；②有与其开展的业务相适应的经费、设施、设备和医疗卫生人员；③有相应的规章制度；④能够独立承担民事责任；⑤法律、行政法规规定的其他条件。

2. 医疗卫生服务质量 医疗卫生机构应当遵守法律、法规、规章，建立健全内部质量管理和控制制度，对医疗卫生服务质量负责。医疗卫生机构应当按照临床诊疗指南、临床技术操作规范和行业标准以及医学伦理规范等有关要求，合理进行检查、用药、诊疗，加强医疗卫生安全风险防范，优化服务流程，持续改进医疗卫生服务质量。

3. 医疗卫生技术的临床应用 国家对医疗卫生技术的临床应用进行分类管理，对技术难度大、医疗风险高，服务能力、人员专业技术水平要求较高的医疗卫生技术实行严格管理。医疗卫生机构开展医疗卫生技术临床应用，应当与其功能任务相适应，遵循科学、安全、规范、有效、经济的原则，并符合伦理。

4. 现代医院管理制度 国家建立权责清晰、管理科学、治理完善、运行高效、监督有力的现代医院管理制度。医院应当制定章程，建立和完善法人治理结构，提高医疗卫生服务能力和运行效率。

5. 医疗风险分担 国家完善医疗风险分担机制，鼓励医疗机构参加医疗责任保险或者建立医疗风险基金，鼓励患者参加医疗意外保险。

6. 全民健康信息化 国家推进全民健康信息化，推动健康医疗大数据、人工智能等的应用发展，加快医疗卫生信息基础设施建设，制定健康医疗数据采集、存储、分析和应用的技术标准，运用信息技术促进优质医疗卫生资源的普及与共享。

7. 突发事件 发生自然灾害、事故灾难、公共卫生事件和社会安全事件等严重威胁人民群众生命健康的突发事件时，医疗卫生机构、医疗卫生人员应当服从政府部门的调遣，参与卫生应急处置和医疗救治。对致病、致残、死亡的参与人员，按照规定给予工伤或者抚恤、烈士褒扬等相关待遇。

二、医疗卫生人员

（一）人才建设

1. 职业精神 医疗卫生人员应当弘扬敬佑生命、救死扶伤、甘于奉献、大爱无疆的崇高职业精神，遵守行业规范，恪守医德，努力提高专业水平和服务质量。

2. 人才培养 国家制定医疗卫生人员培养规划，建立适应行业特点和社会需求的医疗卫生人员培养机制和供需平衡机制，完善医学院校教育、毕业后教育和继续教育体系，建立健全住院医师、专科医师规范化培训制度，建立规模适宜、结构合理、分布均衡的医疗卫生队伍。国家加强全科医生的培养和使用。全科医生主要提供常见病、多发病的诊疗和转诊、预防、保健、康复，以及慢性病管理、健康管理等服务。

3. 基层医疗卫生队伍建设 国家建立医疗卫生人员定期到基层和艰苦边远地区从事医疗卫生工作制度。国家采取定向免费培养、对口支援、退休返聘等措施，加强基层和艰苦边远地区医疗卫生队伍建设。执业医师晋升为副高级技术职称的，应当有累计一年以上在县级以下或者对口支援的医疗卫生机构提供医疗卫生服务的经历。对在基层和艰苦边远地区工作的医疗卫生人员，在薪酬津贴、职称评定、职业发展、教育培训和表彰奖励等方面实行优惠待遇。

国家加强乡村医疗卫生队伍建设，建立县乡村上下贯通的职业发展机制，完善对乡村医疗卫生人员的服务收入多渠道补助机制和养老政策。

（二）执业管理

1. 执业注册 国家对医师、护士等医疗卫生人员依法实行执业注册制度。医疗卫生人员应当依法取得相应的职业资格。

2. 执业要求 医疗卫生人员应当遵循医学科学规律，遵守有关临床诊疗技术规范和各项操作规范以及医学伦理规范，使用适宜技术和药物，合理诊疗，因病施治，不得对患者实施过度医疗。医疗卫生人员不得利用职务之便索要、非法收受财物或者牟取其他不正当利益。

3. 权益保障 全社会应当关心、尊重医疗卫生人员，维护良好安全的医疗卫生服务秩序，共同构建和谐医患关系。医疗卫生人员的人身安全、人格尊严不受侵犯，其合法权益受法律保护。禁止任何组织或者个人威胁、危害医疗卫生人员人身安全，侵犯医疗卫生人员人格尊严。国家采取措施，保障医疗卫生人员执业环境。

第四节　药品供应和资金保障

一、药品供应保障

（一）药品供应保障制度

1. 基本药物制度 国家实施基本药物制度，遴选适当数量的基本药物品种，满足疾病防治基本用药需求。基本药物按照规定优先纳入基本医疗保险药品目录。

2. 药品审评审批制度 国家建立健全以临床需求为导向的药品审评审批制度，支持临床急需药品、儿童用药品和防治罕见病、重大疾病等药品的研制、生产，满足疾病防治需求。

3. 全过程追溯制度 国家建立健全药品研制、生产、流通、使用全过程追溯制度，加强药品管理，保证药品质量。

（二）药品供应监测

1. 价格监测体系　国家建立健全药品价格监测体系，开展成本价格调查，加强药品价格监督检查，依法查处价格垄断、价格欺诈、不正当竞争等违法行为，维护药品价格秩序。

2. 分类采购管理　国家加强药品分类采购管理和指导。参加药品采购投标的投标人不得以低于成本的报价竞标，不得以欺诈、串通投标、滥用市场支配地位等方式竞标。

3. 医药储备　国家建立中央与地方两级医药储备，用于保障重大灾情、疫情及其他突发事件等应急需要。

4. 供求监测体系　国家建立健全药品供求监测体系，及时收集和汇总分析药品供求信息，定期公布药品生产、流通、使用等情况。

二、资金保障

（一）政府投入

各级人民政府应当切实履行发展医疗卫生与健康事业的职责，建立与经济社会发展、财政状况和健康指标相适应的医疗卫生与健康事业投入机制，将医疗卫生与健康促进经费纳入本级政府预算，按照规定主要用于保障基本医疗服务、公共卫生服务、基本医疗保障和政府举办的医疗卫生机构建设和运行发展。

县级以上人民政府通过预算、审计、监督执法、社会监督等方式，加强资金的监督管理。

（二）基本医疗服务费用

基本医疗服务费用主要由基本医疗保险基金和个人支付。国家依法多渠道筹集基本医疗保险基金，逐步完善基本医疗保险可持续筹资和保障水平调整机制。

公民有依法参加基本医疗保险的权利和义务。用人单位和职工按照国家规定缴纳职工基本医疗保险费。城乡居民按照规定缴纳城乡居民基本医疗保险费。

（三）医疗保障体系

国家建立以基本医疗保险为主体，商业健康保险、医疗救助、职工互助医疗和医疗慈善服务等为补充的、多层次的医疗保障体系。国家鼓励发展商业健康保险，满足人民群众多样化健康保障需求。国家完善医疗救助制度，保障符合条件的困难群众获得基本医疗服务。

第五节　法律责任

一、政府及其他有关部门的法律责任

违反《基本医疗卫生与健康促进法》规定，地方各级人民政府、县级以上人民政府卫生健康主管部门和其他有关部门，滥用职权、玩忽职守、徇私舞弊的，对直接负责的主管人员和其他直接责任人员依法给予处分。

二、医疗卫生机构的法律责任

1. 违反《基本医疗卫生与健康促进法》规定，未取得医疗机构执业许可证擅自执业的，由县级以上人民政府卫生健康主管部门责令停止执业活动，没收违法所得和药品、医疗器械，并处违法所得五倍以上二十倍以下的罚款，违法所得不足一万元的，按一万元计算。

2. 违反《基本医疗卫生与健康促进法》规定，伪造、变造、买卖、出租、出借医疗机构执业许可证的，由县级以上人民政府卫生健康主管部门责令改正，没收违法所得，并处违法所得五倍以上十五倍以下的罚款，违法所得不足一万元的，按一万元计算；情节严重的，吊销医疗机构执业许可证。

3. 违反《基本医疗卫生与健康促进法》规定，有下列行为之一的，由县级以上人民政府卫生健康主管部门责令改正，没收违法所得，并处违法所得二倍以上十倍以下的罚款，违法所得不足一万元的，按一万元计算；对直接负责的主管人员和其他直接责任人员依法给予处分：①政府举办的医疗卫生机构与其他组织投资设立非独立法人资格的医疗卫生机构；②政府举办的医疗卫生机构与其他组织投资设立非独立法人资格的医疗卫生机构；③非营利性医疗卫生机构向出资人、举办者分配或者变相分配收益。

4. 违反《基本医疗卫生与健康促进法》规定，医疗卫生机构等的医疗信息安全制度、保障措施不健全，导致医疗信息泄露，或者医疗质量管理和医疗技术管理制度、安全措施不健全的，由县级以上人民政府卫生健康等主管部门责令改正，给予警告，并处一万元以上五万元以下的罚款；情节严重的，可以责令停止相应执业活动，对直接负责的主管人员和其他直接责任人员依法追究法律责任。

5. 违反《基本医疗卫生与健康促进法》规定，医疗卫生人员有下列行为之一的，由县级以上人民政府卫生健康主管部门依照有关执业医师、护士管理和医疗纠纷预防处理等法律、行政法规的规定给予行政处罚：①利用职务之便索要、非法收受财物或者牟取其他不正当利益；②泄露公民个人健康信息；③在开展医学研究或提供医疗卫生服务过程中未按照规定履行告知义务或者违反医学伦理规范。前述规定的人员属于政府举办的医疗卫生机构中的人员的，依法给予处分。

三、其他主体的法律责任

违反《基本医疗卫生与健康促进法》规定，扰乱医疗卫生机构执业场所秩序，威胁、危害医疗卫生人员人身安全，侵犯医疗卫生人员人格尊严，非法收集、使用、加工、传输公民个人健康信息，非法买卖、提供或者公开公民个人健康信息等，构成违反治安管理行为的，依法给予治安管理处罚。

知识链接

2016 年，中共中央、国务院印发了《"健康中国 2030"规划纲要》，是推进健康中国建设的宏伟蓝图和行动纲领。"共建共享、全民健康"是建设健康中国的战略主题。到 2030 年，促进全民健康的制度体系将更加完善，健康领域发展更加协调，健康生活方式得到普及，健康服务质量和健康保障水平不断提高，健康产业繁荣发展，基本实现健康公平，主要健康指标进入高收入国家行列。到 2050 年，建成与社会主义现代化国家相适应的健康国家。

练习题

答案解析

一、单项选择题

1. 执业医师晋升为副高级技术职称的，应当有累计（　　）年以上在县级以下或者对口支援的医疗卫生机构提供医疗卫生服务的经历

    A. 一   B. 二

    C. 三   D. 四

2. 我国卫生与健康领域第一部基础性、综合性的法律是（　　）

    A.《母婴保健法》   B.《医师法》

    C.《基本医疗卫生与健康促进法》   D.《药品管理法》

二、多项选择题

1. 以下属于《基本医疗卫生与健康促进法》专章规定内容的是（　　）

    A. 基本医疗卫生服务   B. 医疗卫生机构和人员   C. 药品供应保障

    D. 健康促进   E. 资金保障

2.《基本医疗卫生与健康促进法》的立法理念是（　　）

    A. 保基本   B. 强基层

    C. 促健康   D. 高福利

3. 国家建立健全由（　　）等组成的城乡全覆盖、功能互补、连续协同的医疗卫生服务体系

    A. 基层医疗卫生机构   B. 医院

    C. 专业公共卫生机构   D. 家政公司

三、简答题

简述分级诊疗制度。

（张　倩　马关培）

书网融合……

  本章小结   微课   题库

第三章　医疗机构管理法律制度

PPT

⬡ 学习目标

知识目标

1. 掌握医疗机构的概念、特征以及其服务宗旨。
2. 熟悉医疗机构的登记、校验和执业规则；医疗机构的法律责任。
3. 了解医疗机构的分类、医疗机构的设置原则。

能力目标

通过对医疗机构管理相关法律制度的学习，能运用相关法律制度，依法履行医疗机构执业规则，具备独立完成医疗机构登记、校验和落实医疗机构执业规则的能力。

素质目标

通过学习医疗机构管理相关的法律制度后，树立社会主义法治观念，培养法治至上的理念，提高法治素养。

情境导入

情境：2023年4月13日晚9点左右，李女士发现四岁儿子说话声音沙哑，于是带其到某综合门诊部就诊。一位张姓医生为孩子做了检查并诊断为"急性扁桃体炎"，经输液抗感染药物治疗3天后，患儿的病情仍未好转。4月16日，张医生告诉李女士其儿子患的是"急性肺炎"，并给患儿换药输液。4月17日，李女士带着儿子转诊至市级医院儿科。医生诊断，李女士儿子所患疾病为"急性咽喉炎"，经治疗后痊愈。4月22日上午，李女士要求接诊的张医生出示医师资格证和病历诊断记录，张医生始终没有出现。最终证实，该门诊部共有4名医生，但持有医师资格证的只有两人，而张"医师"并未取得医师资格证，并表示愿意和李女士私下解决此事。

思考：

1. 该门诊部的行为违反了哪些卫生法律、法规？
2. 该门诊部应该承担的法律责任有哪些？

解析

第一节　医疗机构管理法律制度概述

医疗机构管理法律制度是指国家对医疗机构规划布局、设置审批、登记、执业和监督管理的规范性法律文件的总和。现有对医疗机构进行管理的法律规范主要包括《医疗机构管理条例》和《医疗机构管理条例实施细则》等，为医疗机构的管理提供了相应的法律依据。

一、医疗机构的概念、特征和分类

（一）医疗机构的概念

医疗机构是指依据《医疗机构管理条例》和《医疗机构管理条例实施细则》的规定，经登记取得《医疗机构执业许可证》的机构。它以救死扶伤，防病治病，为公民的健康服务为宗旨。

（二）医疗机构的特征

1. 医疗机构是依法成立的卫生机构。
2. 医疗机构是以救死扶伤、防病治病、为公民的健康服务为宗旨。
3. 医疗机构是从事疾病预防、治疗和康复活动的卫生机构。
4. 医疗机构从事疾病预防、治疗和康复活动应受到法律的保护。

（三）医疗机构的分类

1. 按照医疗机构的功能和规模划分　根据《医疗机构管理条例实施细则》规定，将医疗机构划分为十四类：①综合医院、中医医院、中西医结合医院、民族医医院、专科医院、康复医院；②妇幼保健院、妇幼保健计划生育服务中心；③社区卫生服务中心、社区卫生服务站；④中心卫生院、乡（镇）卫生院、街道卫生院；⑤疗养院；⑥综合门诊部、专科门诊部、中医门诊部、中西医结合门诊部、民族医门诊部；⑦诊所、中医诊所、民族医诊所、卫生所、医务室、卫生保健所、卫生站；⑧村卫生室（所）；⑨急救中心、急救站；⑩临床检验中心；⑪专科疾病防治院、专科疾病防治所、专科疾病防治站；⑫护理院、护理站；⑬医学检验实验室、病理诊断中心、医学影像诊断中心、血液透析中心、安宁疗护中心；⑭其他诊疗机构。

2. 按照医疗机构的经营性质划分　目前根据医疗机构的经营性质、服务任务可将医疗机构划分为非营利性医疗机构和营利性医疗机构。

> **知识链接**
>
> **DRG 和 DIP**
>
> Dags 全称是 diagnosis related groups，即按疾病诊断相关分组。DRG 付费是指按疾病诊断相关分组付费，将疾病按照严重程度、治疗方法的复杂程度以及治疗成本的不同划分为不同的组，制定医保支付标准。一般来说疾病越严重、治疗方式越复杂，医保支付标准就越高。
>
> DIP 全称是 diagnosis intervention packet，即按病种分值付费。DIP 付费是按病种分值付费，是利用大数据将疾病按照"疾病诊断＋治疗方式"组合作为付费单位，结合医保基金总额确定每个病种的付费标准，并按此标准向医院付费。

二、医疗机构管理法治建设

医疗机构是特殊的社会组织，为了加强对医疗机构的管理，促进医疗卫生事业的发展，保障公民健康，国务院于 1994 年 2 月 26 日公布了《医疗机构管理条例》，同年 9 月 1 日起正式施行，并于 2016 年、2022 年进行了两次修正。为了配合《医疗机构管理条例》的运行，原卫生部于 1994 年 8 月 29 日公布了《医疗机构管理条例实施细则》，同年 9 月 1 日起正式施行，并分别于 2006 年、2008 年、2017 年进行了三次修正。

第二节　医疗机构的设置和审批

一、医疗机构的设置

（一）医疗机构设置原则

1. 坚持需求导向原则　坚持以人民健康为中心，以人民群众就医需求为导向，围绕新时代卫生与健康工作方针，增加医疗资源，优化卫生资源要素配比，实现医疗机构高质量发展，满足人民群众多层次、多样化的医疗服务需求。

2. 区域统筹规划原则　通过统筹医疗资源总量、结构、布局，补短板、强弱项，完善城乡医疗服务体系，不断提高医疗资源整体效能，增强重大疫情应对等公共卫生服务能力。

3. 科学布局原则　明确和落实各级各类医疗机构的功能和任务，根据人口数量、分布、年龄结构以及交通条件、诊疗需求等，实行中心控制、周边发展，合理配置各区域医疗机构数量，推动各区域医疗资源均衡布局、同质化发展。

4. 协同创新原则　合理规划发展紧密型城市医疗集团和县域医共体，充分发挥信息化的支撑作用，加强医防融合、平急结合、医养结合，推动区域医疗资源融合共享。

5. 中西医并重原则　遵循新时期卫生与健康工作方针，中西医并重，促进中医药传承创新发展，保障中医、中西医结合、少数民族医医疗机构的合理布局和资源配置，充分发挥中医防病治病的独特优势和作用。

（二）医疗机构设置规划

医疗机构不分类别、所有制形式、隶属关系、服务对象，其设置必须符合当地医疗机构设置规划。任何单位和个人申请设置医疗机构，要按照规定的程序和要求向县级以上地方人民政府卫生健康主管部门提交设置申请书、设置可行性研究报告、选址报告和建筑设计平面图。

在城市设置诊所的个人，必须同时具备下列条件：①经医师执业技术考核合格，取得《医师执业证书》；②取得《医师执业证书》或者医师职称后，从事五年以上同一专业的临床工作；③省、自治区、直辖市卫生健康主管部门规定的其他条件。在乡镇和村设置诊所的个人的条件，由省、自治区、直辖市卫生健康主管部门规定。

不设床位或者床位不满100张的医疗机构，由所在地的县级人民政府卫生健康主管部门负责审批。床位在100张以上的综合医院、中医医院、中西医结合医院、民族医医院以及专科医院、疗养院、康复医院、妇幼保健院、急救中心、临床检验中心和专科疾病防治机构的设置审批，按省、自治区、直辖市卫生健康主管部门的规定办理。而医学检验实验室、病理诊断中心、医学影像诊断中心、血液透析中心、安宁疗护中心的设置审批另行规定。

有下列情形之一的，不得申请设置医疗机构：①不能独立承担民事责任的单位；②正在服刑或者不具有完全民事行为能力的个人；③发生二级以上医疗事故未满五年的医务人员；④因违反有关法律、法规和规章，已被吊销执业证书的医务人员；⑤被吊销《医疗机构执业许可证》的医疗机构法定代表人或者主要负责人；⑥省、自治区、直辖市政府卫生健康主管部门规定的其他情形。有前述第②、③、④、⑤项所列情形之一者，不得充任医疗机构的法定代表人或者主要负责人。

二、医疗机构的审批

单位或者个人设置医疗机构，按照国务院的规定应当办理设置医疗机构批准书的，应当经县级以上地方人民政府卫生健康主管部门审查批准，并取得设置医疗机构批准书。

县级以上地方人民政府卫生健康主管部门应当自受理设置申请之日起30日内，作出批准或者不批准的书面答复；批准设置的，发给设置医疗机构批准书。

申请设置医疗机构有下列情形之一的，不予批准：①不符合当地《医疗机构设置规划》；②设置人不符合规定的条件；③不能提供满足投资总额的资信证明；④投资总额不能满足各项预算开支；⑤医疗机构选址不合理；⑥污水、污物、粪便处理方案不合理；⑦省、自治区、直辖市卫生健康主管部门规定的其他情形。

第三节 医疗机构的登记与执业

医疗机构执业，必须进行登记，领取《医疗机构执业许可证》；诊所按照国务院卫生健康主管部门的规定向所在地的县级人民政府卫生健康主管部门备案后，可以执业。

一、医疗机构的登记和执业

（一）医疗机构执业登记条件

申请医疗机构执业登记，应当具备下列条件：①按照规定应当办理设置医疗机构批准书的，已取得设置医疗机构批准书；②符合医疗机构的基本标准；③有适合的名称、组织机构和场所；④有与其开展的业务相适应的经费、设施、设备和专业卫生技术人员；⑤有相应的规章制度；⑥能够独立承担民事责任。

申请医疗机构执业登记必须填写《医疗机构申请执业登记注册书》，并向登记机关提交下列材料：①《设置医疗机构批准书》或者《设置医疗机构备案回执》；②医疗机构用房产权证明或者使用证明；③医疗机构建筑设计平面图；④验资证明、资产评估报告；⑤医疗机构规章制度；⑥医疗机构法定代表人或者主要负责人以及各科室负责人名录和有关资格证书、执业证书复印件；⑦省、自治区、直辖市卫生健康主管部门规定提交的其他材料。

申请门诊部、诊所、卫生所、医务室、卫生保健所和卫生站登记的，还应当提交附设药房（柜）的药品种类清单、卫生技术人员名录及其有关资格证书、执业证书复印件以及省、自治区、直辖市卫生健康主管部门规定提交的其他材料。

卫生健康主管部门受理执业登记申请后，应当按照规定的条件和期限（一般是自受理执业登记申请之日起45日内），对提交的材料进行审查和实地考察、核实，并对有关执业人员进行消毒、隔离和无菌操作等基本知识和技能的现场抽查考核。经审核合格的，发给《医疗机构执业许可证》；审核不合格的，将审核结果和不予批准的理由以书面形式通知申请人。

申请医疗机构执业登记有下列情形之一的，不予登记：①不符合《设置医疗机构批准书》核准的事项；②不符合《医疗机构基本标准》；③投资不到位；④医疗机构用房不能满足诊疗服务功能；⑤通信、供电、上下水道等公共设施不能满足医疗机构正常运转；⑥医疗机构规章制度不符合要求；⑦消毒、隔离和无菌操作等基本知识和技能的现场抽查考核不合格；⑧省、自治区、直辖市卫生健康主管部门规定的其他情形。

（二）医疗机构执业登记的事项

医疗机构执业登记的事项：①类别、名称、地址、法定代表人或者主要负责人；②所有制形式；③注册资金（资本）；④服务方式；⑤诊疗科目；⑥房屋建筑面积、床位（牙椅）；⑦服务对象；⑧职工人数；⑨执业许可证登记号（医疗机构代码）；⑩省、自治区、直辖市卫生健康主管部门规定的其他登记事项。门诊部、诊所、卫生所、医务室、卫生保健所、卫生站除登记前述所列事项外，还应当核准登记附设药房（柜）的药品种类。

（三）医疗机构的合并与分立

因分立或者合并而保留的医疗机构应当申请变更登记；因分立或者合并而新设置的医疗机构应当申请设置许可和执业登记；因合并而终止的医疗机构应当申请注销登记。

（四）医疗机构的变更登记与歇业

医疗机构变更名称、地址、法定代表人或者主要负责人、所有制形式、服务对象、服务方式、注册资金（资本）、诊疗科目、床位（牙椅）的，必须向登记机关申请办理变更登记，并提交下列材料：①医疗机构法定代表人或者主要负责人签署的《医疗机构申请变更登记注册书》；②申请变更登记的原因和理由；③登记机关规定提交的其他材料。机关、企业和事业单位设置的为内部职工服务的医疗机构向社会开放，必须按照前述规定申请办理变更登记。

医疗机构在原登记机关管辖权限范围内变更登记事项的，由原登记机关办理变更登记；因变更登记超出原登记机关管辖权限的，由有管辖权的卫生健康主管部门办理变更登记。医疗机构在原登记机关管辖区域内迁移，由原登记机关办理变更登记；向原登记机关管辖区域外迁移的，应当在取得迁移目的地的卫生健康主管部门发给的《设置医疗机构批准书》，并经原登记机关核准办理注销登记后，再向迁移目的地的卫生健康主管部门申请办理执业登记。

医疗机构歇业，必须向原登记机关办理注销登记或者向原备案机关备案。经登记机关核准后，收缴《医疗机构执业许可证》。医疗机构非因改建、扩建、迁建原因停业超过 1 年的，视为歇业。

（五）医疗机构的校验

床位在 100 张以上的综合医院、中医医院、中西医结合医院、民族医医院以及专科医院、疗养院、康复医院、妇幼保健院、急救中心、临床检验中心和专科疾病防治机构的校验期为三年；其他医疗机构的校验期为一年。医疗机构应当于校验期满前三个月向登记机关申请办理校验手续。

办理校验应当交验《医疗机构执业许可证》，并提交下列文件：①《医疗机构校验申请书》；②《医疗机构执业许可证》副本；③省、自治区、直辖市卫生健康主管部门规定提交的其他材料。卫生健康主管部门应当在受理校验申请后的三十日内完成校验。

医疗机构有下列情形之一的，登记机关可以根据情况，给予一至六个月的暂缓校验期：①不符合《医疗机构基本标准》；②限期改正期间；③省、自治区、直辖市卫生健康主管部门规定的其他情形。不设床位的医疗机构在暂缓校验期内不得执业。暂缓校验期满仍不能通过校验的，由登记机关注销其《医疗机构执业许可证》。

二、医疗机构的执业规则

1. 不得无证开业 任何单位或者个人，未取得《医疗机构执业许可证》或者未经备案，不得开展诊疗活动。

2. 遵守法律、法规和医疗技术规范 医疗机构执业，必须遵守有关法律、法规和医疗技术规范，必须将《医疗机构执业许可证》、诊疗科目、诊疗时间和收费标准悬挂于明显处所，必须按照核准登记或者备案的诊疗科目开展诊疗活动。医疗机构的印章、银行账户、牌匾以及医疗文件中使用的名称应当与核准登记的医疗机构名称相同；使用两个以上名称的，应当与第一名称相同。

3. 人员身份要求 医疗机构工作人员上岗工作，必须佩戴载有本人姓名、职务或者职称的标牌，不得使用非卫生技术人员从事医疗卫生技术工作。

4. 加强医德教育 医疗机构应当加强对医务人员的医德教育，组织医务人员学习医德规范和有关教材，督促医务人员恪守职业道德。

5. 抢救与转诊 医疗机构对危重患者应当立即抢救。对限于设备或者技术条件不能诊治的患者，应当及时转诊。

6. 依法出具医学证明文件 未经医师（士）亲自诊查患者，医疗机构不得出具疾病诊断书、健康证明书或者死亡证明书等证明文件；未经医师（士）、助产人员亲自接产，医疗机构不得出具出生证明书或者死产报告书。医疗机构为死因不明者出具的《死亡医学证明书》，只作是否死亡的诊断，不作死亡原因的诊断。如有关方面要求进行死亡原因诊断的，医疗机构必须指派医生对尸体进行解剖和有关死因检查后方能作出死因诊断。

7. 实行保护性医疗措施 医疗机构在诊疗活动中，应当对患者实行保护性医疗措施，并取得患者家属和有关人员的配合。

8. 告知诊治相关情况 医疗机构应当尊重患者对自己的病情、诊断、治疗的知情权利。在实施手术、特殊检查、特殊治疗时，应当向患者作必要的解释。因实施保护性医疗措施不宜向患者说明情况的，应当将有关情况通知患者家属。

医务人员在诊疗活动中应当向患者说明病情和医疗措施。需要实施手术、特殊检查、特殊治疗的，医务人员应当及时向患者具体说明医疗风险、替代医疗方案等情况，并取得其明确同意；不能或者不宜向患者说明的，应当向患者的近亲属说明，并取得其明确同意。因抢救生命垂危的患者等紧急情况，不能取得患者或者其近亲属意见的，经医疗机构负责人或者授权的负责人批准，可以立即实施相应的医疗措施。

9. 依法收费 医疗机构必须按照人民政府或者物价部门的有关规定收取医疗费用，详列细项，并出具收据。

10. 消毒制度 医疗机构应当严格执行无菌消毒、隔离制度，采取科学有效的措施处理污水和废弃物，预防和减少医院感染。

11. 病历、票据等管理要求 医疗机构的门（急）诊病历的保存时间不得少于15年；住院病历的保存时间不得少于30年。标有医疗机构标识的票据和病历本册以及处方笺、各种检查的申请单、报告单、证明文书单、药品分装袋、制剂标签等不得买卖、出借和转让。医疗机构不得冒用标有其他医疗机构标识的票据和病历本册以及处方笺、各种检查的申请单、报告单、证明文书单、药品分装袋、制剂标签等。

12. 医疗质量管理 医疗机构应当按照卫生健康主管部门的有关规定、标准加强医疗质量管理，实施医疗质量保证方案，确保医疗安全和服务质量，不断提高服务水平。

13. 医疗业务训练 医疗机构应当经常对医务人员进行"基础理论、基本知识、基本技能"的训练与考核，把"严格要求、严密组织、严谨态度"落实到各项工作中。

14. 内部医疗机构相关要求 为内部职工服务的医疗机构未经许可和变更登记不得向社会开放。

15. 预防保健工作要求 医疗机构必须承担相应的预防保健工作，承担县级以上人民政府卫生健康主管部门委托的支援农村、指导基层医疗卫生工作等任务。

16. 服从调遣 发生重大灾害、事故、疾病流行或者其他意外情况时，医疗机构及其卫生技术人员必须服从县级以上人民政府卫生健康主管部门的调遣。

17. 药品管理 医疗机构必须按照有关药品管理的法律、法规，加强药品管理，不得使用假劣药品、过期和失效药品以及违禁药品。门诊部、诊所、卫生所、医务室、卫生保健所和卫生站附设药房

（柜）的药品种类由登记机关核定，具体办法由省、自治区、直辖市卫生健康主管部门规定。

18. 医疗事故处理和诊治特殊患者　医疗机构发生医疗事故，按照国家有关规定处理。医疗机构对传染病、精神病、职业病等患者的特殊诊治和处理，应当按照国家有关法律、法规的规定办理。

第四节　医疗机构的评审、监督管理和法律责任

一、医疗机构的评审

国家实行医疗机构评审制度，由专家组成的评审委员会按照医疗机构评审办法和评审标准，对医疗机构的执业活动、医疗服务质量等进行综合评价。医疗机构评审包括周期性评审、不定期重点检查。

二、医疗机构的监督管理

县级以上地方人民政府卫生健康主管部门根据评审委员会的评审意见，对达到评审标准的医疗机构，发给评审合格证书；对未达到评审标准的医疗机构，提出处理意见。医疗机构评审委员会在对医疗机构进行评审时，发现有违反《医疗机构管理条例》和《医疗机构管理条例实施细则》的情节，应当及时报告卫生健康主管部门；医疗机构评审委员会委员为医疗机构监督员的，可以直接行使监督权。

三、医疗机构的法律责任

1. 违反执业许可规定的法律责任　未取得《医疗机构执业许可证》擅自执业的，依照《中华人民共和国基本医疗卫生与健康促进法》的规定予以处罚。诊所未经备案执业的，由县级以上人民政府卫生健康主管部门责令其改正，没收违法所得，并处 3 万元以下罚款；拒不改正的，责令其停止执业活动。

2. 逾期不校验的法律责任　对不按期办理校验《医疗机构执业许可证》又不停止诊疗活动的，责令其限期补办校验手续；在限期内仍不办理校验的，吊销其《医疗机构执业许可证》。

3. 出卖、转让和出借许可证的法律责任　出卖、转让、出借《医疗机构执业许可证》的，依照《中华人民共和国基本医疗卫生与健康促进法》的规定予以处罚。

4. 诊疗活动超出登记的诊疗科目范围的法律责任　诊疗活动超出登记或者备案范围的，由县级以上人民政府卫生健康主管部门予以警告、责令其改正，没收违法所得，并可以根据情节处以 1 万元以上 10 万元以下的罚款；情节严重的，吊销其《医疗机构执业许可证》或者责令其停止执业活动。

5. 任用非卫生技术人员从事医疗卫生技术工作的法律责任　使用非卫生技术人员从事医疗卫生技术工作的，由县级以上人民政府卫生健康主管部门责令其限期改正，并可以处以 1 万元以上 10 万元以下的罚款；情节严重的，吊销其《医疗机构执业许可证》或者责令其停止执业活动。

6. 出具虚假证明文件的法律责任　出具虚假证明文件的，由县级以上人民政府卫生健康主管部门予以警告；对造成危害后果的，可以处以 1 万元以上 10 万元以下的罚款；对直接责任人员由所在单位或者上级机关给予行政处分。

7. 当事人对行政处罚决定不服的法律责任　当事人对行政处罚决定不服的，可以依照国家法律、法规的规定申请行政复议或者提起行政诉讼。当事人对罚款及没收药品、器械的处罚决定未在法定期限内申请复议或者提起诉讼又不履行的，县级以上人民政府卫生健康主管部门可以申请人民法院强制执行。

练习题

答案解析

一、单项选择题

1. 根据是否营利为目的，可将城镇医疗机构分为（ ）
   A. 非营利性医疗机构和营利性医疗机构
   B. 公有医疗机构和私有医疗机构
   C. 中外合资和中外合作医疗机构
   D. 民办医疗机构和公有医疗机构

2. 医疗机构的下列行为中，不违反《医疗机构管理条例》的是（ ）
   A. 未将执业许可证、收费标准等悬挂于明显处所
   B. 工作人员上岗工作未按规定佩戴标牌
   C. 未按规定办理校验手续
   D. 擅自增加医师人数

3. 医疗机构的执业登记（ ）
   A. 医疗机构的执业登记，由批准其设置的省、自治区、直辖市人民政府卫生健康主管部门办理
   B. 按照国家统一规划的医疗机构设置的医疗机构的执业登记，由所在地的省、自治区、直辖市人民政府卫生健康主管部门办理
   C. 机关、企业和事业单位设置的为内部职工服务的门诊部、诊所、卫生所（室）的执业登记，由所在地的市级人民政府卫生健康主管部门办理
   D. 医疗机构的执业登记，由市级人民政府卫生健康主管部门办理

4. 任何单位或个人开展医疗活动，必须依法取得（ ）
   A.《设置医疗机构批准书》　　B.《设置医疗机构备案回执》
   C.《医疗机构执业许可证》　　D.《医疗机构校验申请书》

5. 未经医师（士）亲自诊查病人或亲自接产，医疗机构不得出具以下证明文件，除了（ ）
   A. 疾病诊断书　　　　B. 健康证明书
   C. 死产报告书　　　　D. 医疗纠纷分析证言

二、简答题

1. 申请医疗机构执业登记，需要具备哪些条件？
2. 简述医疗机构的概念及其特征。

（童　磊）

书网融合……

本章小结

微课

题库

第四章 卫生技术人员管理法律制度

PPT

学习目标

知识目标

1. 掌握执业医师、执业护士、执业药师的资格考试和执业注册制度。
2. 熟悉执业医师、执业护士、执业药师执业规则、考核和培训、违法的法律责任。
3. 了解乡村医生从业管理法律制度。

能力目标

通过对卫生技术人员管理法律制度的学习，熟悉卫生技术人员的执业规则。具备依法执业、分析违反卫生技术人员管理法律制度所应当承担法律责任的能力。

素质目标

通过学习卫生技术人员管理的相关法律制度，能自觉遵守法律法规，强化自身法律意识，树立社会主义法治观念。

情境导入

情境：2018 年 12 月 28 日，某市卫生监督所执法人员对某医疗机构开展检查，发现该医疗机构的"医师"赵某出示的《医师资格证书》《医师执业证书》存疑，市卫生监督执法机构的执法人员通过医师执业注册系统未能查询到赵某医师资格证等信息。经进一步调查，赵某承认其所持有的《医师资格证书》《医师执业证书》为假证，其本人没有通过医师资格考试。

思考："医师"赵某的行为违反了哪些规定？应该承担什么责任？

解析

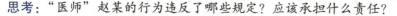

卫生技术人员是指受过高等或中等医药卫生教育或培训，掌握医药卫生知识，依法取得执业资格或经卫生健康主管部门考试、考核合格，从事医疗、预防、康复、保健以及相关工作的专业技术人员。

第一节 医师法法律制度

一、医师法法律制度概述

《中华人民共和国医师法》（以下简称为《医师法》）由全国人大常委会于 2021 年 8 月 20 日通过，自 2022 年 3 月 1 日起正式施行，《执业医师法》同时废止。自 2018 年起，每年 8 月 19 日为中国医师节。

《医师法》中要求医师应当坚持人民至上、生命至上，发扬人道主义精神，弘扬敬佑生命、救死扶伤、甘于奉献、大爱无疆的崇高职业精神，恪守职业道德，遵守执业规范，提高执业水平，履行防病治病、保护人民健康的神圣职责。医师依法执业，受法律保护。医师的人格尊严、人身安全不受侵犯。

二、医师考试与注册制度

（一）医师资格考试

医师资格考试由省级以上人民政府卫生健康主管部门组织实施。医师资格考试的类别和具体办法，由国务院卫生健康主管部门制定。

1. 医师资格考试的种类 国家实行医师资格考试制度。医师资格考试分为执业医师资格考试和执业助理医师资格考试。考试类别分为临床、中医（包括中医、民族医、中西医结合）、口腔、公共卫生四类。民族医含蒙医、藏医、维医、傣医、朝医、壮医、哈萨克医等。考试方式分为实践技能考试和医学综合笔试，实践技能考试合格者方可参加医学综合笔试。

2. 参加医师资格考试的条件

（1）参加执业医师资格考试的条件具有下列条件之一的，可以参加执业医师资格考试：①具有高等学校相关医学专业本科以上学历，在执业医师指导下，在医疗卫生机构中参加医学专业工作实践满1年；②具有高等学校相关医学专业专科学历，取得执业助理医师执业证书后，在医疗卫生机构中执业满2年。

（2）参加执业助理医师资格考试的条件具有高等学校相关医学专业专科以上学历，在执业医师指导下，在医疗卫生机构中参加医学专业工作实践满1年的，可以参加执业助理医师资格考试。

（3）参加医师资格考试的其他条件以师承方式学习中医满3年，或者经多年实践医术确有专长的，经县级以上人民政府卫生健康主管部门委托的中医药专业组织或者医疗卫生机构考核合格并推荐，可以参加中医医师资格考试。以师承方式学习中医或者经多年实践，医术确有专长的，由至少2名中医医师推荐，经省级人民政府中医药主管部门组织实践技能和效果考核合格后，即可取得中医医师资格及相应的资格证书。

（二）医师执业注册

国家实行医师执业注册制度。未注册取得医师执业证书，不得从事医师执业活动。取得医师资格的，可以向所在地县级以上地方人民政府卫生健康主管部门申请注册。医疗卫生机构可以为本机构中的申请人集体办理注册手续。除《医师法》规定不予注册的情形外，卫生健康主管部门应当自受理申请之日起20个工作日内准予注册，将注册信息录入国家信息平台，并发给医师执业证书。

医师经注册后，可以在医疗卫生机构中按照注册的执业地点、执业类别、执业范围执业，从事相应的医疗卫生服务。中医、中西医结合医师可以在医疗机构中的中医科、中西医结合科或者其他临床科室按照注册的执业类别、执业范围执业。医师经相关专业培训和考核合格，可以增加执业范围。法律、行政法规对医师从事特定范围执业活动的资质条件有规定的，从其规定。经考试取得医师资格的中医医师按照国家有关规定，经培训和考核合格，在执业活动中可以采用与其专业相关的西医药技术方法。西医医师按照国家有关规定，经培训和考核合格，在执业活动中可以采用与其专业相关的中医药技术方法。

1. 注册申请 申请医师执业注册，应当提交下列材料：①医师执业注册申请审核表；②近6个月2寸白底免冠正面半身照片；③医疗、预防、保健机构的聘用证明；④省级以上卫生健康主管部门规定的其他材料。

获得医师资格后2年内未注册者、中止医师执业活动2年以上或者依《医师执业注册管理办法》第六条规定不予注册的情形消失的医师申请注册时，还应当提交在省级以上卫生健康主管部门指定的机构接受连续6个月以上的培训，并经考核合格的证明。

医师在2个以上医疗卫生机构定期执业的，应当以一个医疗卫生机构为主，并按照国家有关规定办理相关手续。国家鼓励医师定期定点到县级以下医疗卫生机构，包括乡镇卫生院、村卫生室、社区卫生服务中心等，提供医疗卫生服务，主执业机构应当支持并提供便利。

2. 注册审核　卫生健康主管部门应当自收到注册申请之日起 20 个工作日内，对申请人提交的申请材料进行审核。审核合格的，予以注册并发放《医师执业证书》。

3. 不予注册　有下列情形之一的，不予注册：①无民事行为能力或者限制民事行为能力；②受刑事处罚，刑罚执行完毕不满 2 年或者被依法禁止从事医师职业的期限未满；③被吊销医师执业证书不满 2 年；④因医师定期考核不合格被注销注册不满 1 年；⑤法律、行政法规规定不得从事医疗卫生服务的其他情形。

受理申请的卫生健康主管部门对不予注册的，应当自受理申请之日起 20 个工作日内书面通知申请人和其所在医疗卫生机构，并说明理由。

4. 注销注册　医师注册后有下列情形之一的，注销注册，废止医师执业证书：①死亡；②受刑事处罚；③被吊销医师执业证书；④医师定期考核不合格，暂停执业活动期满，再次考核仍不合格；⑤中止医师执业活动满 2 年；⑥法律、行政法规规定不得从事医疗卫生服务或者应当办理注销手续的其他情形。

有上述情形的，医师所在医疗卫生机构应当在 30 日内报告准予注册的卫生健康主管部门；卫生健康主管部门依职权发现医师有前款规定情形的，应当及时通报准予注册的卫生健康主管部门。准予注册的卫生健康主管部门应当及时注销注册，废止医师执业证书。

5. 变更注册　医师变更执业地点、执业类别、执业范围等注册事项的，应当依照《医师法》规定到准予注册的卫生健康主管部门办理变更注册手续。

医师从事下列活动的，可以不办理相关变更注册手续：①参加规范化培训、进修、对口支援、会诊、突发事件医疗救援、慈善或者其他公益性医疗、义诊；②承担国家任务或者参加政府组织的重要活动等；③在医疗联合体内的医疗机构中执业。

6. 重新注册　中止医师执业活动 2 年以上或者《医师法》规定不予注册的情形消失，申请重新执业的，应当由县级以上人民政府卫生健康主管部门或者其委托的医疗卫生机构、行业组织考核合格，并依照《医师法》规定重新注册。

7. 个体行医　医师个体行医应当依法办理审批或者备案手续。执业医师个体行医，须经注册后在医疗卫生机构中执业满 5 年；但是，依照《医师法》第十一条第二款规定取得中医医师资格的人员，按照考核内容进行执业注册后，即可在注册的执业范围内个体行医。

县级以上地方人民政府卫生健康主管部门对个体行医的医师，应当按照国家有关规定实施监督检查，发现有注销注册的情形的，应当及时注销注册，废止医师执业证书。

三、医师执业规则

（一）医师的权利和义务

医师在执业活动中享有下列权利：①在注册的执业范围内，按照有关规范进行医学诊查、疾病调查、医学处置、出具相应的医学证明文件，选择合理的医疗、预防、保健方案；②获取劳动报酬，享受国家规定的福利待遇，按照规定参加社会保险并享受相应待遇；③获得符合国家规定标准的执业基本条件和职业防护装备；④从事医学教育、研究、学术交流；⑤参加专业培训，接受继续医学教育；⑥对所在医疗卫生机构和卫生健康主管部门的工作提出意见和建议，依法参与所在机构的民主管理；⑦法律、法规规定的其他权利。

医师在执业活动中履行下列义务：①树立敬业精神，恪守职业道德，履行医师职责，尽职尽责救治患者，执行疫情防控等公共卫生措施；②遵循临床诊疗指南，遵守临床技术操作规范和医学伦理规范等；③尊重、关心、爱护患者，依法保护患者隐私和个人信息；④努力钻研业务，更新知识，提高医学专业技术能力和水平，提升医疗卫生服务质量；⑤宣传推广与岗位相适应的健康科普知识，对患者及公众进行健康教育和健康指导；⑥法律、法规规定的其他义务。

（二）医师执业规则的具体规定

1. 依法出具医学证明文件　医师实施医疗、预防、保健措施，签署有关医学证明文件，必须亲自诊查、调查，并按照规定及时填写病历等医学文书，不得隐匿、伪造、篡改或者擅自销毁病历等医学文书及有关资料，不得出具虚假医学证明文件以及与自己执业范围无关或者与执业类别不相符的医学证明文件。

2. 尊重患者知情同意权　医师在诊疗活动中应当向患者说明病情、医疗措施和其他需要告知的事项。需要实施手术、特殊检查、特殊治疗的，医师应当及时向患者具体说明医疗风险、替代医疗方案等情况，并取得其明确同意；不能或者不宜向患者说明的，应当向患者的近亲属说明，并取得其明确同意。医师开展药物、医疗器械临床试验和其他医学临床研究应当符合国家有关规定，遵守医学伦理规范，依法通过伦理审查，取得书面知情同意。

3. 紧急救治　对需要紧急救治的患者，医师应当采取紧急措施进行诊治，不得拒绝急救处置。因抢救生命垂危的患者等紧急情况，不能取得患者或者其近亲属意见的，经医疗机构负责人或者授权的负责人批准，可以立即实施相应的医疗措施。国家鼓励医师积极参与公共交通工具等公共场所急救服务；医师因自愿实施急救造成受助人损害的，不承担民事责任。

4. 依法依规使用药品、消毒药剂和医疗器械　医师应当使用经依法批准或者备案的药品、消毒药剂、医疗器械，采用合法、合规、科学的诊疗方法。除按照规范用于诊断治疗外，不得使用麻醉药品、医疗用毒性药品、精神药品、放射性药品等。医师应当坚持安全有效、经济合理的用药原则，遵循药品临床应用指导原则、临床诊疗指南和药品说明书等合理用药。在尚无有效或者更好治疗手段等特殊情况下，医师取得患者明确知情同意后，可以采用药品说明书中未明确但具有循证医学证据的药品用法实施治疗。医疗机构应当建立管理制度，对医师处方、用药医嘱的适宜性进行审核，严格规范医师用药行为。

5. 互联网医疗　执业医师按照国家有关规定，经所在医疗卫生机构同意，可以通过互联网等信息技术提供部分常见病、慢性病复诊等适宜的医疗卫生服务。国家支持医疗卫生机构之间利用互联网等信息技术开展远程医疗合作。

6. 不得谋取不正当利益　医师不得利用职务之便，索要、非法收受财物或者牟取其他不正当利益；不得对患者实施不必要的检查、治疗。

7. 服从卫生健康主管部门的调遣　遇有自然灾害、事故灾难、公共卫生事件和社会安全事件等严重威胁人民生命健康的突发事件时，县级以上人民政府卫生健康主管部门根据需要组织医师参与卫生应急处置和医疗救治，医师应当服从调遣。

8. 及时报告　在执业活动中有下列情形之一的，医师应当按照有关规定及时向所在医疗卫生机构或者有关部门、机构报告：①发现传染病、突发不明原因疾病或者异常健康事件；②发生或者发现医疗事故；③发现可能与药品、医疗器械有关的不良反应或者不良事件；④发现假药或者劣药；⑤发现患者涉嫌伤害事件或者非正常死亡；⑥法律、法规规定的其他情形。

（三）执业助理医师的特别规定

执业助理医师应当在执业医师的指导下，在医疗卫生机构中按照注册的执业类别、执业范围执业。在乡、民族乡、镇和村医疗卫生机构以及艰苦边远地区县级医疗卫生机构中执业的执业助理医师，可以根据医疗卫生服务情况和本人实践经验，独立从事一般的执业活动。

四、医师的考核与培训

（一）医师的考核

国家实行医师定期考核制度。县级以上人民政府卫生健康主管部门或者其委托的医疗卫生机构、行业组织应当按照医师执业标准，对医师的业务水平、工作业绩和职业道德状况进行考核，考核周期为三年。对具有较长年限执业经历、无不良行为记录的医师，可以简化考核程序。对考核不合格的医师，县级以上人民政府卫生健康主管部门应当责令其暂停执业活动三个月至六个月，并接受相关专业培训。暂停执业活动期满，再次进行考核，对考核合格的，允许其继续执业。

（二）医师的表彰、奖励

医师有下列情形之一的，按照国家有关规定给予表彰、奖励：①在执业活动中，医德高尚，事迹突出；②在医学研究、教育中开拓创新，对医学专业技术有重大突破，做出显著贡献；③遇有突发事件时，在预防预警、救死扶伤等工作中表现突出；④长期在艰苦边远地区的县级以下医疗卫生机构努力工作；⑤在疾病预防控制、健康促进工作中做出突出贡献；⑥法律、法规规定的其他情形。

（三）医师的培训

国家制定医师培养规划，建立适应行业特点和社会需求的医师培养和供需平衡机制，统筹各类医学人才需求，加强全科、儿科、精神科、老年医学等紧缺专业人才培养。国家采取措施，加强医教协同，完善医学院校教育、毕业后教育和继续教育体系。国家通过多种途径，加强以全科医生为重点的基层医疗卫生人才培养和配备。国家采取措施，完善中医西医相互学习的教育制度，培养高层次中西医结合人才和能够提供中西医结合服务的全科医生。

国家建立健全住院医师规范化培训制度，健全临床带教激励机制，保障住院医师培训期间待遇，严格培训过程管理和结业考核。国家建立健全专科医师规范化培训制度，不断提高临床医师专科诊疗水平。

县级以上人民政府卫生健康主管部门和其他有关部门应当制定医师培训计划，采取多种形式对医师进行分级分类培训，为医师接受继续医学教育提供条件。县级以上人民政府应当采取有力措施，优先保障基层、欠发达地区和民族地区的医疗卫生人员接受继续医学教育。

医疗卫生机构应当合理调配人力资源，按照规定和计划保证本机构医师接受继续医学教育。县级以上人民政府卫生健康主管部门应当有计划地组织协调县级以上医疗卫生机构对乡镇卫生院、村卫生室、社区卫生服务中心等基层医疗卫生机构中的医疗卫生人员开展培训，提高其医学专业技术能力和水平。有关行业组织应当为医师接受继续医学教育提供服务和创造条件，加强继续医学教育的组织、管理。

五、法律责任

1. 行政责任　在医师资格考试中有违反考试纪律等行为，情节严重的，一年至三年内禁止参加医师资格考试。以不正当手段取得医师资格证书或者医师执业证书的，由发给证书的卫生健康主管部门予以撤销，三年内不受理其相应申请。伪造、变造、买卖、出租、出借医师执业证书的，由县级以上人民政府卫生健康主管部门责令改正，没收违法所得，并处违法所得二倍以上五倍以下的罚款，违法所得不足一万元的，按一万元计算；情节严重的，吊销医师执业证书。

违反《医师法》规定，医师在执业活动中有下列行为之一的，由县级以上人民政府卫生健康主管部门责令改正，给予警告；情节严重的，责令暂停六个月以上一年以下执业活动直至吊销医师执业证书：①在提供医疗卫生服务或者开展医学临床研究中，未按照规定履行告知义务或者取得知情同意；②对需要紧急救治的患者，拒绝急救处置，或者由于不负责任延误诊治；③遇有自然灾害、事故灾难、公共卫生事件和社会安全事件等严重威胁人民生命健康的突发事件时，不服从卫生健康主管部门调遣；④未按照规定报告有关情形；⑤违反法律、法规、规章或者执业规范，造成医疗事故或者其他严重后果。

违反《医师法》规定，医师在执业活动中有下列行为之一的，由县级以上人民政府卫生健康主管部门责令改正，给予警告，没收违法所得，并处一万元以上三万元以下的罚款；情节严重的，责令暂停六个月以上一年以下执业活动直至吊销医师执业证书：①泄露患者隐私或者个人信息；②出具虚假医学证明文件，或者未经亲自诊查、调查，签署诊断、治疗、流行病学等证明文件或者有关出生、死亡等证明文件；③隐匿、伪造、篡改或者擅自销毁病历等医学文书及有关资料；④未按照规定使用麻醉药品、医疗用毒性药品、精神药品、放射性药品等；⑤利用职务之便，索要、非法收受财物或者牟取其他不正当利益，或者违反诊疗规范，对患者实施不必要的检查、治疗造成不良后果；⑥开展禁止类医疗技术临床应用。

违反《医师法》规定，医师未按照注册的执业地点、执业类别、执业范围执业的，由县级以上人民政府卫生健康主管部门或者中医药主管部门责令改正，给予警告，没收违法所得，并处一万元以上三万元以下的罚款；情节严重的，责令暂停六个月以上一年以下执业活动直至吊销医师执业证书。

严重违反医师职业道德、医学伦理规范，造成恶劣社会影响的，由省级以上人民政府卫生健康主管部门吊销医师执业证书或者责令停止非法执业活动，五年直至终身禁止从事医疗卫生服务或者医学临床研究。

非医师行医的，由县级以上人民政府卫生健康主管部门责令停止非法执业活动，没收违法所得和药品、医疗器械，并处违法所得二倍以上十倍以下的罚款，违法所得不足一万元的，按一万元计算。阻碍医师依法执业，干扰医师正常工作、生活，或者通过侮辱、诽谤、威胁、殴打等方式，侵犯医师人格尊严、人身安全，构成违反治安管理行为的，依法给予治安管理处罚。

医疗卫生机构未履行报告职责，造成严重后果的，由县级以上人民政府卫生健康主管部门给予警告，对直接负责的主管人员和其他直接责任人员依法给予处分。卫生健康主管部门和其他有关部门工作人员或者医疗卫生机构工作人员弄虚作假、滥用职权、玩忽职守、徇私舞弊的，依法给予处分。

2. 民事责任　违反《医师法》的规定，造成人身、财产损害的，依法承担民事责任。

3. 刑事责任　违反《医师法》的规定，构成犯罪的，依法追究刑事责任。

第二节　护士管理法律制度

一、护士管理法律制度概述

《护士条例》于 2020 年 3 月 27 日第一次修订，《护士执业注册管理办法》于 2021 年 1 月 8 日修订。《护士条例》中规定的护士，是指经执业注册取得护士执业证书，依照本条例规定从事护理活动，履行保护生命、减轻痛苦、增进健康职责的卫生技术人员。

> **知识链接**
>
> **国际护士节的由来**
>
> 国际护士节是为了纪念近代护理学和护理教育的创始人弗洛伦斯·南丁格尔设立的。1820 年 5 月 12 日，南丁格尔出生于意大利佛罗伦萨市。1854—1856 年，南丁格尔主动申请担任战地护士，率领 38

名护士抵达前线服务于战地医院，仅半年左右的时间伤病员的死亡率就下降到 2.2%。1860 年，南丁格尔在英国圣多马医院创建了世界上第一所正规的护士学校，为推动世界各国护理工作和发展护士教育，做出了巨大的贡献。1912 年，为纪念南丁格尔对护理工作做出的贡献，国际护士理事会将南丁格尔的诞辰日 5 月 12 日定为国际护士节。

二、护士执业资格考试制度

1. 护士执业资格考试概述　护士执业资格考试实行国家统一考试制度，统一考试大纲，统一命题，统一合格标准。考试原则上每年举行一次，具体考试日期在举行考试 3 个月前向社会公布。考试包括专业实务和实践能力 2 门，一次考试通过两个科目为考试成绩合格。

2. 报考条件　在中等职业学校、高等学校完成国务院教育主管部门和国务院卫生健康主管部门规定的普通全日制 3 年以上的护理、助产专业课程学习，包括在教学、综合医院完成 8 个月以上护理临床实习，并取得相应学历证书的，可以申请参加护士执业资格考试。

三、护士执业注册制度

1. 护士执业注册的条件　申请护士执业注册，应当具备下列条件：①具有完全民事行为能力；②在中等职业学校、高等学校完成国务院教育主管部门和国务院卫生健康主管部门规定的普通全日制 3 年以上的护理、助产专业课程学习，包括在教学、综合医院完成 8 个月以上护理临床实习，并取得相应学历证书；③通过国务院卫生健康主管部门组织的护士执业资格考试；④符合国务院卫生健康主管部门规定的健康标准，即无精神病史；无色盲、色弱、双耳听力障碍；无影响履行护理职责的疾病、残疾或者功能障碍。

2. 护士执业注册的申请　护士执业注册申请，应当自通过护士执业资格考试之日起 3 年内提出；逾期提出申请的，还应当在符合国务院卫生健康主管部门规定条件的医疗卫生机构接受 3 个月临床护理培训并考核合格。

申请护士执业注册的，应当向批准设立拟执业医疗机构或者为该医疗机构备案的卫生健康主管部门提出申请。同时，提交下列材料：①护士执业注册申请审核表；②申请人身份证明；③申请人学历证书及专业学习中的临床实习证明；④医疗卫生机构拟聘用的相关材料。卫生健康主管部门应当自受理申请之日起 20 个工作日内，对申请人提交的材料进行审核、注册，发给国家卫生健康委统一印制的《护士执业证书》；对不符合规定条件的，不予注册，并书面说明理由。

《护士执业证书》上应当注明护士的姓名、性别、出生日期等个人信息及证书编号、注册日期和执业地点。

3. 延续注册　护士执业注册有效期为 5 年。护士执业注册有效期届满需要继续执业的，应当在有效期届满前 30 日，向批准设立执业医疗机构或者为该医疗机构备案的卫生健康主管部门申请延续注册。护士申请延续注册，应当提交护士执业注册申请审核表和申请人的《护士执业证书》。注册部门自受理延续注册申请之日起 20 个工作日内进行审核。审核合格的，予以延续注册；审核不合格的，不予延续注册，并书面说明理由。

4. 重新注册　有下列情形之一的，拟在医疗卫生机构执业时，应当重新申请注册：①注册有效期届满未延续注册的；②受吊销《护士执业证书》处罚，自吊销之日起满 2 年的。重新申请注册的，按照《护士执业注册管理办法》规定提交材料；中断护理执业活动超过 3 年的，还应当提交在省、自治区、直辖市卫生健康主管部门规定的教学、综合医院接受 3 个月临床护理培训并考核合格的证明。

5. 变更注册 护士在其执业注册有效期内变更执业地点等注册项目，应当办理变更注册。护士申请办理变更注册，应当向批准设立执业医疗机构或者为该医疗机构备案的卫生健康主管部门报告，并提交护士执业注册申请审核表和申请人的《护士执业证书》。注册部门应当自受理之日起 7 个工作日内为其办理变更手续。护士跨省、自治区、直辖市变更执业地点的，收到报告的注册部门还应当向其原执业地注册部门通报。

6. 注销注册 护士执业注册后有下列情形之一的，原注册部门办理注销执业注册：①注册有效期届满未延续注册；②受吊销《护士执业证书》处罚；③护士死亡或者丧失民事行为能力。

四、护士的权利与义务

（一）护士的权利

1. 获得劳动报酬、福利待遇 护士执业，有按照国家有关规定获取工资报酬、享受福利待遇、参加社会保险的权利。任何单位或者个人不得克扣护士工资，降低或者取消护士福利等待遇。

2. 获得执业保护 护士执业，有获得与其所从事的护理工作相适应的卫生防护、医疗保健服务的权利。从事直接接触有毒有害物质、有感染传染病危险工作的护士，有依照有关法律、行政法规的规定接受职业健康监护的权利；患职业病的，有依照有关法律、行政法规的规定获得赔偿的权利。

3. 获得职务、职称 护士有按照国家有关规定获得与本人业务能力和学术水平相应的专业技术职务、职称的权利。

4. 参与学习交流 护士有参加专业培训、从事学术研究和交流、参加行业协会和专业学术团体的权利。

5. 提出意见、建议 护士有获得疾病诊疗、护理相关信息的权利和其他与履行护理职责相关的权利，可以对医疗卫生机构和卫生健康主管部门的工作提出意见和建议。

（二）护士的义务

1. 遵守法律法规和技术规范 护士执业，应当遵守法律、法规、规章和诊疗技术规范的规定。护士发现医嘱违反法律、法规、规章或者诊疗技术规范规定的，应当及时向开具医嘱的医师提出；必要时，应当向该医师所在科室的负责人或者医疗卫生机构负责医疗服务管理的人员报告。

2. 积极救治 护士在执业活动中，发现患者病情危急，应当立即通知医师；在紧急情况下为抢救垂危患者生命，应当先行实施必要的紧急救护。

3. 关心、爱护患者 护士应当尊重、关心、爱护患者，保护患者的隐私。

4. 参与公共卫生和疾病防控工作 护士有义务参与公共卫生和疾病预防控制工作。发生自然灾害、公共卫生事件等严重威胁公众生命健康的突发事件，护士应当服从县级以上人民政府卫生健康主管部门或者所在医疗卫生机构的安排，参加医疗救护。

五、法律责任

1. 护士的法律责任 护士在执业活动中有下列情形之一的，由县级以上地方人民政府卫生健康主管部门依据职责分工责令改正，给予警告；情节严重的，暂停其 6 个月以上 1 年以下执业活动，直至由原发证部门吊销其护士执业证书：①发现患者病情危急未立即通知医师的；②发现医嘱违反法律、法规、规章或者诊疗技术规范的规定，未依照本条例第十七条的规定提出或者报告的；③泄露患者隐私的；④发生自然灾害、公共卫生事件等严重威胁公众生命健康的突发事件，不服从安排参加医疗救护的。

护士在执业活动中造成医疗事故的，依照医疗事故处理的有关规定承担法律责任。护士被吊销执业证书的，自执业证书被吊销之日起2年内不得申请执业注册。

2. 阻挠护士依法执业者的法律责任 扰乱医疗秩序，阻碍护士依法开展执业活动，侮辱、威胁、殴打护士，或者有其他侵犯护士合法权益行为的，由公安机关依照治安管理处罚法的规定给予处罚；构成犯罪的，依法追究刑事责任。

第三节　执业药师管理法律制度

一、执业药师管理法律制度概述

2019年3月20日，国家药品监督管理局、人力资源社会保障部联合印发《执业药师职业资格制度规定》和《执业药师职业资格考试实施办法》，自印发之日起施行。2021年6月24日，国家药品监督管理局印发《执业药师注册管理办法》，自印发之日起施行。

二、执业药师资格考试制度

1. 执业药师资格考试概述 执业药师职业资格考试实行全国统一大纲、统一命题、统一组织的考试制度，原则上每年举行一次，考试日期原则上为每年10月。执业药师职业资格考试分为药学、中药学两个专业类别。考试以四年为一个周期，参加全部科目考试的人员须在连续四个考试年度内通过全部科目的考试。免试部分科目的人员须在连续两个考试年度内通过应试科目。

2. 执业药师资格考试条件 凡中华人民共和国公民和获准在我国境内就业的外籍人员，具备以下条件之一者，均可申请参加执业药师职业资格考试：①取得药学类、中药学类专业大专学历，在药学或中药学岗位工作满5年；②取得药学类、中药学类专业大学本科学历或学士学位，在药学或中药学岗位工作满3年；③取得药学类、中药学类专业第二学士学位、研究生班毕业或硕士学位，在药学或中药学岗位工作满1年；④取得药学类、中药学类专业博士学位；⑤取得药学类、中药学类相关专业相应学历或学位的人员，在药学或中药学岗位工作的年限相应增加1年。

执业药师职业资格考试合格者，由各省、自治区、直辖市人力资源社会保障部门颁发《执业药师职业资格证书》。该证书由人力资源社会保障部统一印制，国家药监局与人力资源社会保障部用印，在全国范围内有效。

三、执业药师注册制度

1. 注册条件 执业药师注册申请人（以下简称申请人），必须具备下列条件：①取得《执业药师职业资格证书》；②遵纪守法，遵守执业药师职业道德；③身体健康，能坚持在执业药师岗位工作；④经执业单位同意；⑤按规定参加继续教育学习。

2. 注册内容 执业药师注册内容包括：执业地区、执业类别、执业范围、执业单位。执业地区为省、自治区、直辖市；执业类别为药学类、中药学类、药学与中药学类；执业范围为药品生产、药品经营、药品使用；执业单位为药品生产、经营、使用及其他需要提供药学服务的单位。药品监督管理部门根据申请人《执业药师职业资格证书》中注明的专业确定执业类别进行注册。获得药学和中药学两类专业《执业药师职业资格证书》的人员，可申请药学与中药学类执业类别注册。执业药师只能在一个执业单位按照注册的执业类别、执业范围执业。

3. 首次注册 申请人申请首次注册需要提交以下材料：①执业药师首次注册申请表；②执业药师职业资格证书；③身份证明；④执业单位开业证明；⑤继续教育学分证明。

申请人委托他人办理注册申请的，代理人应当提交授权委托书以及代理人的身份证明文件。申请人应当按要求在线提交注册申请或者现场递交纸质材料。药品监督管理部门应当公示明确上述材料形式要求。凡是通过法定证照、书面告知承诺、政府部门内部核查或者部门间核查、网络核验等能够办理的，药品监督管理部门不得要求申请人额外提供证明材料。

4. 不予注册 有下列情形之一的，药品监督管理部门不予注册：①不具有完全民事行为能力的；②甲类、乙类传染病传染期、精神疾病发病期等健康状况不适宜或者不能胜任相应业务工作的；③受到刑事处罚，自刑罚执行完毕之日到申请注册之日不满三年的；④未按规定完成继续教育学习的；⑤近三年有新增不良信息记录的；⑥国家规定不宜从事执业药师业务的其他情形。

5. 延续注册 执业药师注册有效期为五年。需要延续注册的，申请人应当在注册有效期满之日三十日前，向执业所在地省、自治区、直辖市药品监督管理部门提出延续注册申请。药品监督管理部门准予延续注册的，注册有效期从期满之日次日起重新计算五年。

6. 变更注册 执业药师变更执业地区、执业类别、执业范围、执业单位的，应当向拟申请执业所在地的省、自治区、直辖市药品监督管理部门申请办理变更注册手续。药品监督管理部门应当自受理变更注册申请之日起七个工作日内作出准予变更注册的决定。药品监督管理部门准予变更注册的，注册有效期不变；但在有效期满之日前三十日内申请变更注册，符合要求的，注册有效期自旧证期满之日次日起重新计算五年。

7. 注销注册 有下列情形之一的，《执业药师注册证》由药品监督管理部门注销，并予以公告：①注册有效期满未延续的；②执业药师注册证被依法撤销或者吊销的；③法律法规规定的应当注销注册的其他情形。

有下列情形之一的，执业药师本人或者其执业单位，应当自知晓或者应当知晓之日起三十个工作日内向药品监督管理部门申请办理注销注册，并填写执业药师注销注册申请表。药品监督管理部门经核实后依法注销注册。①本人主动申请注销注册的；②执业药师身体健康状况不适宜继续执业的；③执业药师无正当理由不在执业单位执业，超过一个月的；④执业药师死亡或者被宣告失踪的；⑤执业药师丧失完全民事行为能力的；⑥执业药师受刑事处罚的。

四、执业药师的继续教育制度

执业药师每年应参加不少于90学时的继续教育培训，每3个学时为1学分，每年累计不少于30学分。其中，专业科目学时一般不少于总学时的三分之二。鼓励执业药师参加实训培养。承担继续教育管理职责的机构应当将执业药师的继续教育学分记入全国执业药师注册管理信息系统。

五、法律责任

（一）管理部门的法律责任

省、自治区、直辖市药品监督管理部门有下列情形之一的，国家药品监督管理局有权责令其进行调查并依法依规给予处理：①对不符合规定条件的申请人准予注册的；②对符合规定条件的申请人不予注册或者不在法定期限内作出准予注册决定的；③履行执业药师注册、继续教育监督管理职责不力，造成不良影响的。

药品监督管理部门工作人员在执业药师注册及其相关监督管理工作中，弄虚作假、玩忽职守、滥用职权、徇私舞弊的，依法依规给予处理。

（二）单位的法律责任

对未按规定配备执业药师的单位，由所在地县级以上负责药品监督管理的部门责令限期配备，并按照相关法律法规给予处罚。

（三）药师的法律责任

1. 伪造《执业药师注册证》的，药品监督管理部门发现后应当当场予以收缴并追究责任；构成犯罪的，移送相关部门依法追究刑事责任。

2. 执业药师以欺骗、贿赂等不正当手段取得《执业药师注册证》的，由发证部门撤销《执业药师注册证》，三年内不予注册；构成犯罪的，移送相关部门依法追究刑事责任。

3. 执业药师应当按照注册的执业地区、执业类别、执业范围、执业单位，从事相应的执业活动，不得擅自变更。执业药师未按本办法规定进行执业活动的，药品监督管理部门应当责令限期改正。

4. 严禁《执业药师注册证》挂靠，持证人注册单位与实际工作单位不符的，由发证部门撤销《执业药师注册证》，三年内不予注册；构成犯罪的，移送相关部门依法追究刑事责任。买卖、租借《执业药师注册证》的单位，按照相关法律法规给予处罚。

5. 执业药师在执业期间违反《中华人民共和国药品管理法》及其他法律法规构成犯罪的，由司法机关依法追究责任。

6. 有下列情形之一的，应当作为个人不良信息由药品监督管理部门及时记入全国执业药师注册管理信息系统：①以欺骗、贿赂等不正当手段取得《执业药师注册证》的；②持证人注册单位与实际工作单位不一致或者无工作单位的，符合《执业药师注册证》挂靠情形的；③执业药师注册证被依法撤销或者吊销的；④执业药师受刑事处罚的；⑤其他违反执业药师资格管理相关规定的。

第四节 乡村医生从业管理法律制度

一、乡村医生从业管理法律制度概述

2003年7月30日中华人民共和国国务院第16次常务会议通过《乡村医生从业管理条例》，并于2004年1月1日起正式施行。

二、乡村医生执业注册

国家实行乡村医生执业注册制度。县级人民政府卫生健康主管部门负责乡村医生执业注册工作。

1. 注册条件 《乡村医生从业管理条例》公布前的乡村医生，取得县级以上地方人民政府卫生健康主管部门颁发的乡村医生证书，并符合下列条件之一的，可以向县级人民政府卫生健康主管部门申请乡村医生执业注册，取得乡村医生执业证书后，继续在村医疗卫生机构执业：①已经取得中等以上医学专业学历的；②在村医疗卫生机构连续工作20年以上的；③按照省、自治区、直辖市人民政府卫生健康主管部门制定的培训规划，接受培训取得合格证书的。

《乡村医生从业管理条例》公布之日起进入村医疗卫生机构从事预防、保健和医疗服务的人员，应当具备执业医师资格或者执业助理医师资格。不具备规定条件的地区，根据实际需要，可以允许具有中等医学专业学历的人员，或者经培训达到中等医学专业水平的其他人员申请执业注册，进入村医疗卫生机构执业。具体办法由省、自治区、直辖市人民政府制定。

2. 注册程序 符合《乡村医生从业管理条例》规定申请在村医疗卫生机构执业的人员，应当持村医疗卫生机构出具的拟聘用证明和相关学历证明、证书，向村医疗卫生机构所在地的县级人民政府卫生健康主管部门申请执业注册。县级人民政府卫生健康主管部门应当自受理申请之日起15日内完成审核工作，对符合本条例规定条件的，准予执业注册，发给乡村医生执业证书；对不符合本条例规定条件的，不予注册，并书面说明理由。

乡村医生经注册取得执业证书后，方可在聘用其执业的村医疗卫生机构从事预防、保健和一般医疗服务。未经注册取得乡村医生执业证书的，不得执业。乡村医生执业证书有效期为5年。

3. 不予注册 乡村医生有下列情形之一的，不予注册：①不具有完全民事行为能力的；②受刑事处罚，自刑罚执行完毕之日起至申请执业注册之日止不满2年的；③受吊销乡村医生执业证书行政处罚，自处罚决定之日起至申请执业注册之日止不满2年的。

4. 注销注册 乡村医生有下列情形之一的，由原注册的卫生健康主管部门注销执业注册，收回乡村医生执业证书：①死亡或者被宣告失踪的；②受刑事处罚的；③中止执业活动满2年的；④考核不合格，逾期未提出再次考核申请或者经再次考核仍不合格的。

三、乡村医生执业规则

1. 乡村医生的权利 乡村医生在执业活动中享有下列权利：①进行一般医学处置，出具相应的医学证明；②参与医学经验交流，参加专业学术团体；③参加业务培训和教育；④在执业活动中，人格尊严、人身安全不受侵犯；⑤获取报酬；⑥对当地的预防、保健、医疗工作和卫生健康主管部门的工作提出意见和建议。

2. 乡村医生的义务 乡村医生在执业活动中应当履行下列义务：①遵守法律、法规、规章和诊疗护理技术规范、常规；②树立敬业精神，遵守职业道德，履行乡村医生职责，为村民健康服务；③关心、爱护、尊重患者，保护患者的隐私；④努力钻研业务，更新知识，提高专业技术水平；⑤向村民宣传卫生保健知识，对患者进行健康教育。

四、乡村医生的培训与考核

1. 乡村医生的培训 省、自治区、直辖市人民政府组织制定乡村医生培训规划，保证乡村医生至少每2年接受一次培训。县级人民政府根据培训规划制定本地区乡村医生培训计划。对承担国家规定的预防、保健等公共卫生服务的乡村医生，其培训所需经费列入县级财政预算。对边远贫困地区，设区的市级以上地方人民政府应当给予适当经费支持。国家鼓励社会组织和个人支持乡村医生培训工作。

县级人民政府卫生健康主管部门根据乡村医生培训计划，负责组织乡村医生的培训工作。乡、镇人民政府以及村民委员会应当为乡村医生开展工作和学习提供条件，保证乡村医生接受培训和继续教育。乡村医生应当按照培训规划的要求至少每2年接受一次培训，更新医学知识，提高业务水平。

2. 乡村医生的考核 县级人民政府卫生健康主管部门负责组织本地区乡村医生的考核工作；对乡村医生的考核，每2年组织一次。对乡村医生的考核应当客观、公正，充分听取乡村医生执业的村医疗卫生机构、乡村医生本人、所在村村民委员会和村民的意见。

乡村医生经考核合格的，可以继续执业；经考核不合格的，在6个月之内可以申请进行再次考核。逾期未提出再次考核申请或者经再次考核仍不合格的乡村医生，原注册部门应当注销其执业注册，并收回乡村医生执业证书。

五、法律责任

（一）乡村医生的法律责任

1. 乡村医生在执业活动中，违反《乡村医生从业管理条例》规定，有下列行为之一的，由县级人民政府卫生健康主管部门责令限期改正，给予警告；逾期不改正的，责令暂停3个月以上6个月以下执业活动；情节严重的，由原发证部门暂扣乡村医生执业证书：①执业活动超出规定的执业范围，或者未按照规定进行转诊的；②违反规定使用乡村医生基本用药目录以外的处方药品的；③违反规定出具医学证明，或者伪造卫生统计资料的；④发现传染病疫情、中毒事件不按规定报告的。

2. 乡村医生在执业活动中，违反规定进行实验性临床医疗活动，或者重复使用一次性医疗器械和卫生材料的，由县级人民政府卫生健康主管部门责令停止违法行为，给予警告，可以并处1000元以下的罚款；情节严重的，由原发证部门暂扣或者吊销乡村医生执业证书。

3. 乡村医生变更执业的村医疗卫生机构，未办理变更执业注册手续的，由县级人民政府卫生健康主管部门给予警告，责令限期办理变更注册手续。

4. 以不正当手段取得乡村医生执业证书的，由发证部门收缴乡村医生执业证书；造成患者人身损害的，依法承担民事赔偿责任；构成犯罪的，依法追究刑事责任。

5. 未经注册在村医疗卫生机构从事医疗活动的，由县级以上地方人民政府卫生健康主管部门予以取缔，没收其违法所得以及药品、医疗器械，违法所得5000元以上的，并处违法所得1倍以上3倍以下的罚款；没有违法所得或者违法所得不足5000元的，并处1000元以上3000元以下的罚款；造成患者人身损害的，依法承担民事赔偿责任；构成犯罪的，依法追究刑事责任。

（二）卫生健康主管部门的法律责任

1. 县级人民政府卫生健康主管部门未按照乡村医生培训规划、计划组织乡村医生培训的，由本级人民政府或者上一级人民政府卫生健康主管部门责令改正；情节严重的，对直接负责的主管人员和其他直接责任人员依法给予行政处分。

2. 县级人民政府卫生健康主管部门，对不符合本条例规定条件的人员发给乡村医生执业证书，或者对符合条件的人员不发给乡村医生执业证书的，由本级人民政府或者上一级人民政府卫生健康主管部门责令改正，收回或者补发乡村医生执业证书，并对直接负责的主管人员和其他直接责任人员依法给予行政处分。

3. 县级人民政府卫生健康主管部门对乡村医生执业注册或者再注册申请，未在规定时间内完成审核工作的，或者未按照规定将准予执业注册、再注册和注销注册的人员名单向村民予以公告的，由本级人民政府或者上一级人民政府卫生健康主管部门责令限期改正；逾期不改正的，对直接负责的主管人员和其他直接责任人员依法给予行政处分。

4. 卫生健康主管部门对村民和乡村医生反映的办理乡村医生执业注册、再注册、注销注册的违法活动未及时核实、调查处理或者未公布调查处理结果的，由本级人民政府或者上一级人民政府卫生健康主管部门责令限期改正；逾期不改正的，对直接负责的主管人员和其他直接责任人员依法给予行政处分。

（三）阻碍乡村医生依法执业的法律责任

寻衅滋事、阻碍乡村医生依法执业，侮辱、诽谤、威胁、殴打乡村医生，构成违反治安管理行为的，由公安机关依法予以处罚；构成犯罪的，依法追究刑事责任。

答案解析

✍ **练习题**

一、单项选择题

1. 考核不合格的，暂停执业活动期满，再次进行考核，考核合格的允许（　）
　　A. 定期考核　　　　　　　B. 接受培训和继续医学教育
　　C. 继续执业　　　　　　　D. 注销注册

2. 对于《医师法》的适用对象，以下说法不正确的是（　）
　　A. 本法颁布之日前按照国家有关规定取得医学专业技术职称和医学专业技术职务的人员
　　B. 乡村医师
　　C. 计划生育技术服务机构中的医师
　　D. 在中国境内申请医师考试、注册、执业或者从事临床示教、临床研究等活动的境外人员

3. 医生白某因挪用公款用于个人经营，被判有期徒刑1年。白某被判刑后（　）
　　A. 其执业可以不受限制　　B. 终止医师执业活动
　　C. 暂停执业活动2年　　　D. 服刑期满可再执业

4. 《护士条例》的根本宗旨是（　）
　　A. 维护护士合法权益
　　B. 促进护理事业发展，保障医疗安全和人体健康
　　C. 规范护理行为
　　D. 保持护士队伍稳定

5. 申请参加护士执业资格的最低学历要求是（　）文凭
　　A. 中专　　　　　　　　　B. 大专
　　C. 本科　　　　　　　　　D. 硕士

二、简答题

1. 简述执业医师在执业活动中享有的权利和履行的义务。
2. 简述乡村医生在执业活动中享有的权利和履行的义务。

（童　磊）

书网融合……

本章小结　　　　微课　　　　题库

第五章　医疗纠纷处理法律制度

PPT

⬡ **学习目标**

知识目标

1. 掌握医疗纠纷和医疗事故的概念；医疗纠纷预防的原则，以及如何预防和应对医疗事故。
2. 熟悉医疗纠纷的处理原则和途径，以及涉及医疗损害责任的赔偿主体。
3. 了解在特殊情况下采取的医疗纠纷预防措施。

能力目标

通过学习医疗纠纷处理相关法律制度，培养结构化思维，使学生能够运用相关法律制度来处理与医疗纠纷和医疗损害有关的案件。具备分析医疗损害案例和解决实际问题的能力。

素质目标

通过本章的学习，树立现代法治理念，维护医疗秩序的正常运作，促进和谐的医患关系的建立。

情 境 导 入

情境： 患者，男，35岁，因尿急、尿痛、尿血半个月等症状入住企业医院。经检查确诊为尿路狭窄和左肾结核，需手术治疗。术前，医院通过术前麻醉书告知患者手术名称为尿道扩张、左肾切除、右侧输尿管置管术。患者妻子在术前麻醉书上签名同意手术。在术后第11天，医院告知患者，因尿路结核和附睾结核，需实施左肾及左输尿管摘除、膀胱部分切除、附睾切除、尿路狭窄会师手术。患者的妻子在《手术同意书》上签名同意手术。次日，医院在未告知患者及其家人的情况下，临时决定对患者施行右输尿管外置手术。患者在术后接受了抗炎、抗结核等治疗，然后在术后的第14天出院。患者认为，医院在术中未经其同意实施了右输尿管外置手术，存在过错，因此起诉要求医院赔偿各项损失，共计44万余元。

解析

思考： 该医院的行为存在哪些违法之处？说明相关法律依据。

第一节　医疗纠纷预防和处理

一、医疗纠纷的概念

医疗纠纷是指医患双方因诊疗活动引发的争议。为了预防和妥善处理医疗纠纷，保护医患双方的合法权益，维护医疗秩序，保障医疗安全，2018年7月31日，国务院发布了《医疗纠纷预防和处理条例》，自2018年10月1日起施行。《医疗纠纷预防和处理条例》有总则、医疗纠纷预防、医疗纠纷处理、法律责任、附则5章，共56条。

《医疗纠纷预防和处理条例》规定，处理医疗纠纷应当遵循公平、公正、及时的原则，实事求是，依法处理。

二、医疗纠纷的预防

国家建立医疗质量安全管理体系，深化医药卫生体制改革，规范诊疗活动，改善医疗服务，提高医疗质量，预防、减少医疗纠纷。

1. 遵守医疗卫生法律和恪守职业道德　医疗机构及其医务人员在诊疗活动中应当以患者为中心，加强人文关怀，严格遵守医疗卫生法律、法规、规章和诊疗相关规范、常规，恪守职业道德。医疗机构应当对其医务人员进行医疗卫生法律、法规、规章和诊疗相关规范、常规的培训，并加强职业道德教育。

2. 加强医疗质量安全和风险管理

（1）医疗质量安全管理　医疗机构应当制定并实施医疗质量安全管理制度，设置医疗服务质量监控部门或者配备专（兼）职人员，加强对诊断、治疗、护理、药事、检查等工作的规范化管理优化服务流程，提高服务水平。

（2）医疗风险管理　《医疗纠纷预防和处理条例》规定：①加强医疗风险管理，完善医疗风险的识别、评估和防控措施，定期检查措施落实情况，及时消除隐患；②开展手术、特殊检查、特殊治疗等具有较高医疗风险的诊疗活动，医疗机构应当提前预备应对方案，主动防范突发风险。

（3）医疗技术临床应用管理　按照医疗技术临床应用管理规定，开展与其技术能力相适应的医疗技术服务，保障临床应用安全，降低医疗风险；采用医疗新技术的，应当开展技术评估和伦理审查，确保安全有效、符合伦理原则。

3. 信息化建设　医疗机构应当依法建立患者病历电子化信息系统，确保患者病历真实、完整、准确，防止篡改。医疗机构应当依法加强医疗信息安全保护，保障患者隐私权。

4. 医疗纠纷的风险防范　医疗机构应当开展医疗纠纷风险评估，建立风险防范体系，及时采取措施防范风险。

三、医疗纠纷的处理

《医疗纠纷预防和处理条例》规定，发生医疗纠纷，医患双方可以通过下列途径解决：①双方自愿协商；②申请人民调解；③申请行政调解；④向人民法院提起诉讼；⑤法律、法规规定的其他途径。

发生医疗纠纷，医疗机构应当告知患者或者其近亲属下列事项：①解决医疗纠纷的合法途径；②有关病历资料、现场实物封存和启封的规定；③有关病历资料查阅、复制的规定。患者死亡的，还应当告知其近亲属有关尸检的规定。

发生医疗纠纷需要封存、启封病历资料的，应当在医患双方在场的情况下进行。封存的病历资料可以是原件，也可以是复制件，由医疗机构保管。病历尚未完成需要封存的，对已完成病历先行封存；病历按照规定完成后，再对后续完成部分进行封存。医疗机构应当对封存的病历开列封存清单，由医患双方签字或者盖章，各执一份。

病历资料封存后医疗纠纷已经解决，或者患者在病历资料封存满3年未再提出解决医疗纠纷要求的，医疗机构可以自行启封。

四、法律责任

1. 医疗机构篡改、伪造、隐匿、毁灭病历资料的法律责任　医疗机构篡改、伪造、隐匿、毁灭病历资料的，对直接负责的主管人员和其他直接责任人员，由县级以上人民政府卫生健康主管部门给予或者责令给予降低岗位等级或者撤职的处分，对有关医务人员责令暂停6个月以上1年以下执业活动；造成严重后果的，对直接负责的主管人员和其他直接责任人员给予或者责令给予开除的处分，对有关医务人员由原发证部门吊销执业证书；构成犯罪的，依法追究刑事责任。

2. 医疗机构将未通过技术评估和伦理审查的医疗新技术应用于临床的法律责任 医疗机构将未通过技术评估和伦理审查的医疗新技术应用于临床的，由县级以上人民政府卫生健康主管部门没收违法所得，并处5万元以上10万元以下罚款，对直接负责的主管人员和其他直接责任人员给予或者责令给予降低岗位等级或者撤职的处分，对有关医务人员责令暂停6个月以上1年以下执业活动；情节严重的，对直接负责的主管人员和其他直接责任人员给予或者责令给予开除的处分，对有关医务人员由原发证部门吊销执业证书；构成犯罪的，依法追究刑事责任。

3. 医疗机构及其医务人员未履行规定义务的法律责任 医疗机构及其医务人员有下列情形之一的，由县级以上人民政府卫生健康主管部门责令改正，给予警告，并处1万元以上5万元以下罚款；情节严重的，对直接负责的主管人员和其他直接责任人员给予或者责令给予降低岗位等级或者撤职的处分，对有关医务人员可以责令暂停1个月以上6个月以下执业活动；构成犯罪的，依法追究刑事责任：①未按规定制定和实施医疗质量安全管理制度；②未按规定告知患者病情、医疗措施、医疗风险、替代医疗方案等；③开展具有较高医疗风险的诊疗活动，未提前预备应对方案防范突发风险；④未按规定填写、保管病历资料，或者未按规定补记抢救病历；⑤拒绝为患者提供查阅、复制病历资料服务；⑥未建立投诉接待制度、设置统一投诉管理部门或者配备专（兼）职人员；⑦未按规定封存、保管、启封病历资料和现场实物；⑧未按规定向卫生健康主管部门报告重大医疗纠纷；⑨其他未履行本条例规定义务的情形。

总之，医疗纠纷的预防和处理是一个复杂的系统工程，需要医疗机构、医务人员、患者以及卫生健康行政部门等多方共同努力，遵循法律法规，依法维护医患双方的合法权益，确保医疗质量安全，维护医疗秩序。如果发生医疗纠纷，应当根据法律程序进行处理，维护法律的公平和正义。

第二节　医疗损害责任

一、医疗损害概述

医疗损害包括由有过错的诊疗行为引起的患者损害，以及由有缺陷的产品和不合格血液引起的患者损害。2020年5月28日，第十三届全国人民代表大会第三次会议通过了《中华人民共和国民法典》（以下简称《民法典》），自2021年1月1日起施行。其中，第七编侵权责任第六章是"医疗损害责任"，共11条。

二、医疗损害赔偿

1. 医疗损害责任的赔偿主体 患者在诊疗活动中受到损害，医疗机构及其医务人员有过错的，由医疗机构承担赔偿责任。因药品、消毒产品、医疗器械的缺陷，或者输入不合格的血液造成患者损害的，患者可以向药品上市许可持有人、生产者、血液提供机构请求赔偿，也可以向医疗机构请求赔偿。患者向医疗机构请求赔偿的，医疗机构赔偿后，有权向负有责任的药品上市许可持有人、生产者、血液提供机构追偿。

2. 推定医疗机构有过错的情形　患者在诊疗活动中受到损害，有下列情形之一的，推定医疗机构有过错：①违反法律、行政法规、规章以及其他有关诊疗规范的规定；②隐匿或者拒绝提供与纠纷有关的病历资料；③遗失、伪造、篡改或者违法销毁病历资料。

3. 医疗机构不承担赔偿责任的情形　患者在诊疗活动中受到损害，有下列情形之一的，医疗机构不承担赔偿责任：①患者或其近亲属不配合医疗机构进行符合诊疗规范的诊疗；②医务人员在抢救生命垂危的患者等紧急情况下已经尽到合理诊疗义务；③限于当时的医疗水平难以诊疗。但是在患者或者其近亲属不配合医疗机构进行符合诊疗规范的诊疗情形中，医疗机构或者其医务人员也有过错的，应当承担相应的赔偿责任。

4. 医疗机构承担赔偿责任的情形

（1）未尽到说明义务　医务人员在诊疗活动中应当向患者说明病情和医疗措施。需要实施手术、特殊检查、特殊治疗的，医务人员应当及时向患者具体说明医疗风险、替代医疗方案等情况，并取得其明确同意；不能或者不宜向患者说明的，应当向患者的近亲属说明，并取得其明确同意。医务人员未尽到前述义务，造成患者损害的，医疗机构应当承担赔偿责任。

（2）未尽到与当时医疗水平相应的诊疗义务　医务人员在诊疗活动中未尽到与当时的医疗水平相应的诊疗义务，造成患者损害的，医疗机构应当承担赔偿责任。

（3）泄露患者隐私　医疗机构及其医务人员应当对患者的隐私和个人信息保密。泄露患者的隐私和个人信息，或者未经患者同意公开其病历资料的，应当承担侵权责任。

第三节　医疗事故处理

一、概述

医疗事故是指医疗机构及其医务人员在医疗活动中，违反医疗卫生管理法律、行政法规、部门规章和诊疗护理规范、常规，过失造成患者人身损害的事故。为了正确处理医疗事故，保护患者和医疗机构及其医务人员的合法权益，维护医疗秩序，保障医疗安全，促进医学科学的发展，国务院于2002年4月4日发布了《医疗事故处理条例》，自2002年9月1日起施行。该条例包括总则、医疗事故的预防与处置、医疗事故的技术鉴定、医疗事故的行政处理与监督、医疗事故的赔偿、罚则、附则等七章，共63条。

1. 处理医疗事故的原则　《医疗事故处理条例》规定，处理医疗事故应当遵循公开、公平、公正、及时、便民的原则。

2. 处理医疗事故的基本要求　《医疗事故处理条例》规定，处理医疗事故应当坚持实事求是的科学态度，确保事实清楚、定性准确、责任明确、处理得当。

二、医疗事故的预防与处置

医务人员在医疗活动中发生或者发现医疗事故、可能引起医疗事故的医疗过失行为或者发生医疗事故争议的，应当立即向所在科室负责人报告，科室负责人应当及时向本医疗机构负责医疗服务质量监控的部门或者专（兼）职人员报告；负责医疗服务质量监控的部门或者专（兼）职人员接到报告后，应当立即进行调查、核实，将有关情况如实向本医疗机构的负责人报告，并向患者通报、解释。

发生医疗事故的医疗机构，应当按照规定向所在地卫生健康主管部门报告。发生下列重大医疗过失行为的，医疗机构应当在 12 小时内向所在地卫生健康主管部门报告：①导致患者死亡或者可能为二级以上的医疗事故；②导致 3 人以上人身损害后果；③国务院卫生健康主管部门和省、自治区、直辖市人民政府卫生健康主管部门规定的其他情形。发生或者发现医疗过失行为，医疗机构及其医务人员应当立即采取有效措施，避免或者减轻对患者身体健康的损害，防止损害扩大。

 知识链接 --

医疗事故的分级

《医疗事故处理条例》第四条规定，根据对患者人身造成的损害程度，医疗事故分为四级：

一级医疗事故：造成患者死亡、重度残疾的；

二级医疗事故：造成患者中度残疾、器官组织损伤导致严重功能障碍的；

三级医疗事故：造成患者轻度残疾、器官组织损伤导致一般功能障碍的；

四级医疗事故：造成患者明显人身损害的其他后果的。

具体分级标准由国务院卫生健康主管部门制定。

三、医疗事故技术鉴定

卫生健康主管部门接到医疗机构关于重大医疗过失行为的报告或者医疗事故争议当事人要求处理医疗事故争议的申请后，对需要进行医疗事故技术鉴定的，交由负责医疗事故技术鉴定工作的医学会组织鉴定；医患双方协商解决医疗事故争议，需要进行医疗事故技术鉴定的，由双方当事人共同委托负责医疗事故技术鉴定工作的医学会组织鉴定。当事人对首次医疗事故技术鉴定结论不服的，可以自收到首次鉴定结论之日起 15 日内向医疗机构所在地卫生健康主管部门提出再次鉴定的申请。

医疗事故技术鉴定，可以收取鉴定费用。经鉴定，属于医疗事故的，鉴定费用由医疗机构支付；不属于医疗事故的，鉴定费用由提出医疗事故处理申请的一方支付。鉴定费用标准由省、自治区、直辖市人民政府价格主管部门会同同级财政部门、卫生健康主管部门规定。

有下列情形之一的，不属于医疗事故：①在紧急情况下为抢救垂危患者生命而采取紧急医学措施造成不良后果的；②在医疗活动中由于患者病情异常或者患者体质特殊而发生医疗意外的；③在现有医学科学技术条件下，发生无法预料或者不能防范的不良后果的；④无过错输血感染造成不良后果的；⑤因患方原因延误诊疗导致不良后果的；⑥因不可抗力造成不良后果的。

四、法律责任

1. 医疗机构的法律责任

（1）医疗机构发生医疗事故的，由卫生健康主管部门根据医疗事故等级和情节，给予警告；情节严重的，责令限期整顿直至由原发证部门吊销执业许可证。

（2）医疗机构违反《医疗事故处理条例》的规定，有下列情形之一的，由卫生健康主管部门责令改正；情节严重的，对负有责任的主管人员和其他直接责任人员依法给予行政处分或者纪律处分：①未如实告知患者病情、医疗措施和医疗风险的；②没有正当理由，拒绝为患者提供复印或者复制病历资料服务的；③未按照国务院卫生健康主管部门规定的要求书写和妥善保管病历资料服务的；④未在规定时间内补记抢救工作病历内容的；⑤未按照规定封存保管和启封病历资料和实物的；⑥未设置医疗服务质量监控部门或者配备专（兼）职人员的；⑦未制定有关医疗事故防范和处理预案的；⑧未在规定时间内向卫生健康主管部门报告重大医疗过失行为的；⑨未按照规定向卫生健康主管部门报告医疗事故的；⑩未按照规定进行尸检和保存、处理尸体的。

（3）医疗机构违反《医疗事故处理条例》的规定，有下列情形之一的，由卫生健康主管部门责令改正，给予警告；对负有责任的主管人员和其他直接责任人员依法给予行政处分或者纪律处分；情节严重的，由原发证部门吊销其执业证书或者资格证书：①承担尸检任务的机构没有正当理由，拒绝进行尸检的；②涂改、伪造、隐匿、销毁病历资料的。

2. 医务人员的法律责任 《医疗事故处理条例》规定，医疗机构发生医疗事故，情节严重的，对负有责任的医务人员依照刑法关于医疗事故罪的规定，依法追究刑事责任；尚不够刑事处罚的，依法给予行政处分或者纪律处分。对发生医疗事故的有关医务人员，除依照上述处罚外，卫生健康主管部门并可以责令暂停 6 个月以上 1 年以下执业活动；情节严重的，吊销其执业证书。

✎ 练习题

答案解析

一、单项选择题

1. 因抢救急危患者，未能及时书写病历的，有关医务人员应当在抢救结束后据实补记，并加以注明，其时限是（   ）

A. 2 小时内　　　　　　B. 4 小时内　　　　　　C. 6 小时内

D. 8 小时内　　　　　　E. 12 小时内

2. 患者，女，42 岁。因患子宫肌瘤在县医院接受手术治疗，术后患者因对手术效果不满意诉至人民法院。法院经审理认为医院存在《民法典》规定的过错推定情形，判决医院败诉。该推定情形是（   ）

A. 未尽到说明义务

B. 未尽到与当时的医疗水平相应的诊疗义务

C. 伪造病历资料

D. 泄露患者隐私

E. 限于当时的医疗水平难以诊疗

3. 因医疗机构的行为造成患者损害，应承担赔偿责任的情形是（   ）

A. 患者认为医疗机构未尽到合理诊疗义务

B. 限于当时医疗水平难以诊疗

C. 未说服患者配合符合诊疗规范的诊疗

D. 未说服患者近亲属配合符合诊疗规范的诊疗

E. 未经患者同意公开其病历资料

4. 医务人员在医疗活动中发生医疗事故争议，应当立即向（   ）

A. 所在科室报告

B. 所在医院医务部门报告

C. 所在医疗机构医疗质量监控部门报告

D. 所在医疗机构的主管负责人报告

E. 当地卫生行政机关报告

5. 医务人员发生医疗事故，情节严重，尚不够刑事处罚的，卫生健康主管部门可以给予的行政处罚是（　　）

A. 警告　　　　　　　　B. 给予纪律处分　　　　　C. 责令限期整顿

D. 吊销执业证书　　　　E. 责令改正

二、简答题

1. 医疗纠纷的解决途径有哪些？

2. 医疗损害责任的赔偿主体有哪些？

3. 医疗事故的预防与处置包括哪些内容？

（刘　红）

书网融合……

本章小结　　　　　　微课　　　　　　题库

PPT

第六章　食品安全管理法律制度

情境：2023 年 7 月 14 日，福建省开展主题教育建设"食品放心工程"深化治理"餐桌污染"专项整治工作推进会召开。习近平总书记始终高度重视食品安全工作，在福建省工作期间就极具前瞻性地在全国率先部署开展治理"餐桌污染"、建设"食品放心工程"，福建省委、省政府连续 23 年将其列为为民办实事项目。2023 年，福建省将这项工作列入开展主题教育强化专项整治项目，充分体现了对食品安全工作的高度重视。会议要求政府机关及各职能部门进一步提高政治站位，始终保持"时时放心不下"的警惕，统筹谋划好食品安全工作。

解析

思考：什么是食品安全？食品安全的适用范围有哪些？

食品是人类赖以生存和发展的基本物质条件，也是国家安定和发展的基本要素之一。"食以安为先，安以质为本"，食品安全对人类健康极其重要，它不仅关系到每个个体的健康，更关系到整个社会的永续发展。食品安全要求食品生产者、经营者、消费者均采取有效措施，确保食品的安全。在任何一个国家，食品及其安全都是全社会共同关注的话题。食品安全法律法规是调整食品生产经营及其安全监督管理关系的法律规范，对于规范食品生产经营，保障公众身体健康和生命安全具有重要意义。

第一节　概　述

一、食品安全的概念

食品，指各种供人食用或饮用的成品和原料，以及按照传统既是食品又是中药材的物品，但是不包括以治疗为目的的物品。食品安全，指食品无毒、无害，符合应当有的营养要求，对人体健康不造成任何急性、亚急性或者慢性危害。

为了确保食品安全，保障公众身体健康和生命安全，2009 年 2 月 28 日，第十一届全国人大常委会第七次会议通过了《中华人民共和国食品安全法》（以下简称《食品安全法》）。2015 年 4 月 24 日，第十二届全国人大常委会第十四次会议通过了修订后的《食品安全法》，自 2015 年 10 月 1 日起生效。2018 年 12 月 29 日，第十三届全国人大常委会第七次会议对《食品安全法》进行了修正。2021 年 4 月 29 日，第十三届全国人大常委会第二十八次会议对《食品安全法》进行了第二次修正。2009 年 7 月 20 日，国务院发布了《中华人民共和国食品安全法实施条例》（以下简称《食品安全法实施条例》），自公布之日起生效。2016 年 2 月 6 日，国务院对《食品安全法实施条例》进行了修订。2019 年 3 月 26 日，国务院对《食品安全法实施条例》进行了第二次修订，自 2019 年 12 月 1 日起生效。

《食品安全法》包括总则、食品安全风险监测和评估、食品安全标准、食品生产经营、食品检验、食品进出口、食品安全事故处置、监督管理、法律责任、附则等 10 章，共 154 条。《食品安全法实施条例》包括总则、食品安全风险监测和评估、食品安全标准、食品生产经营、食品检验、食品进出口、食品安全事故处置、监督管理、法律责任、附则等 10 章，共 86 条。

二、食品安全的适用范围

《食品安全法》规定，在中华人民共和国境内从事以下活动的人应当遵守本法：①食品生产和加工，食品销售和餐饮服务；②食品添加剂的生产经营；③用于食品的包装材料、容器、洗涤剂、消毒剂和用于食品生产经营的工具、设备的生产经营；④食品生产经营者使用食品添加剂、食品相关产品；⑤食品的贮存和运输；⑥对食品、食品添加剂、食品相关产品的安全管理。

对食用农产品的质量安全管理，应遵守《中华人民共和国农产品质量安全法》的规定。但是，食用农产品的市场销售、有关质量安全标准的制定、有关安全信息的公布和本法对农业投入品的规定，应当遵守本法的规定。

三、食品安全的监督主体

1. 食品安全风险监测计划的制定与调整　国家建立食品安全风险监测制度，对食源性疾病、食品污染以及食品中的有害因素进行监测。国务院卫生健康主管部门会同国务院食品安全监督管理等部门，制定、实施国家食品安全风险监测计划。

国务院食品安全监督管理部门和其他有关部门获知有关食品安全风险信息后，应当立即核实并向国务院卫生健康主管部门通报。对有关部门通报的食品安全风险信息以及医疗机构报告的食源性疾病等有关疾病信息，国务院卫生健康主管部门应当会同国务院有关部门分析研究，认为必要的，及时调整国家食品安全风险监测计划。

省、自治区、直辖市人民政府卫生健康主管部门会同同级食品安全监督管理等部门，根据国家食品安全风险监测计划，结合本行政区域的具体情况，制定、调整本行政区域的食品安全风险监测方案，报国务院卫生健康主管部门备案并实施。

2. 食品安全风险监测技术机构的职责　《食品安全法》规定，承担食品安全风险监测工作的技术机构应当根据食品安全风险监测计划和监测方案开展监测工作，保证监测数据真实、准确，并按照食品安全风险监测计划和监测方案的要求报送监测数据和分析结果。食品安全风险监测工作人员有权进入相关食用农产品种植养殖、食品生产经营场所采集样品、收集相关数据。采集样品应当按市场价格支付费用。

3. 食品安全风险评估制度　国家建立食品安全风险评估制度，运用科学方法，根据食品安全风险监测信息、科学数据以及有关信息，对食品、食品添加剂、食品相关产品中的生物性、化学性和物理性危害因素进行风险评估。

国务院卫生健康主管部门负责组织食品安全风险评估工作，成立由医学、农业、食品、营养、生物、环境等方面的专家组成的食品安全风险评估专家委员会进行食品安全风险评估。食品安全风险评估结果由国务院卫生健康主管部门公布。

《食品安全法》规定，在以下情形之一时，应组织食品安全风险评估：①通过食品安全风险监测或接到举报发现食品、食品添加剂、食品相关产品可能存在安全隐患的；②为制定或修订食品安全国家标准提供科学依据需要进行风险评估的；③为确定监督管理的重点领域、重点品种需要进行风险评估的；④发现新的可能危害食品安全的因素的；⑤需要判断某一因素是否构成食品安全隐患的；⑥国务院卫生健康主管部门认为需要进行风险评估的其他情形。

四、食品安全标准

1. 食品安全标准的内容　食品安全标准是指为了保证食品质量安全、保障公众身体健康和生命安全、预防食源性疾病的发生，对食品、食品相关产品、食品添加剂的卫生要求及其在生产、加工、贮存和销售等方面所规定的技术要求和措施。

食品安全标准应当包括以下内容：①食品、食品添加剂、食品相关产品中的致病性微生物、农药残留、兽药残留、生物毒素、重金属等污染物质的限量规定；②食品添加剂的品种、使用范围、用量；③专供婴幼儿和其他特定人群的主辅食品的营养成分要求；④与卫生、营养等食品安全要求有关的标签、标志、说明书的要求；⑤食品生产经营过程的卫生要求；⑥与食品安全有关的质量要求；⑦与食品安全有关的食品检验方法与规程；⑧其他需要制定为食品安全标准的内容。

2. 食品安全标准的性质　食品安全标准是强制执行的标准。除了食品安全标准外，不得制定其他的食品强制性标准。制定食品安全标准，应当以保障公众身体健康为宗旨，做到科学合理、安全可靠。省级以上人民政府卫生健康主管部门应当在其网站上公布制定和备案的食品安全国家标准、地方标准和企业标准，供公众免费查阅、下载。

3. 食品安全国家标准

（1）国家标准的制定　食品安全国家标准由国务院卫生健康主管部门会同国务院食品安全监督管理部门制定公布，国务院标准化行政部门提供国家标准编号。

《食品安全法》规定，制定食品安全国家标准，应当依据食品安全风险评估结果并充分考虑食用农产品安全风险评估结果，参照相关的国际标准和国际食品安全风险评估结果，并将食品安全国家标准草案向社会公布，广泛听取食品生产经营者、消费者、有关部门等方面的意见。

（2）国家标准审评委员会的职责　食品安全国家标准应当经国务院卫生健康主管部门组织的食品安全国家标准审评委员会审查通过。食品安全国家标准审评委员会由医学、农业、食品、营养、生物、环境等方面的专家以及国务院有关部门、食品行业协会、消费者协会的代表组成，对食品安全国家标准草案的科学性和实用性等进行审查。

知识链接 ···

世界食品安全日

联合国大会 2018 年 12 月通过决议，决定自 2019 年起每年的 6 月 7 日为世界食品安全日，以推动各方关注食品安全问题。

联合国粮农组织和世界卫生组织负责领导促进世界各地的食品安全工作。粮农组织和世卫组织强调，确保每个人获得安全、营养和充足的食物非常重要，安全食品对于实现可持续发展的两个主要目标——促进健康和消除饥饿至关重要。粮农组织和世卫组织正联手协助各国预防、管理和应对食品供应链中的风险，并正与食品生产商和供应商、监管机构和民间社会利益相关者合作，共同提高各国生产和进口食品的安全水平。

第二节　食品安全生产经营管理

一、食品生产经营许可制度

根据《食品安全法》规定，国家对食品生产经营实行许可制度。从事食品生产、食品销售、餐饮服务，应当依法取得许可。但是，销售食用农产品和仅销售预包装食品的，不需要取得许可。仅销售预包装食品的，应当报所在地县级以上地方人民政府食品安全监督管理部门备案。

县级以上地方人民政府食品安全监督管理部门应当依照《中华人民共和国行政许可法》的规定，审核申请人提交的《食品安全法》规定要求的相关资料，必要时对申请人的生产经营场所进行现场核查；对符合规定条件的，准予许可；对不符合规定条件的，不予许可并书面说明理由。

食品生产加工小作坊和食品摊贩等从事食品生产经营活动，应当符合《食品安全法》规定的与其生产经营规模、条件相适应的食品安全要求，保证所生产经营的食品卫生、无毒、无害，食品安全监督管理部门应当对其加强监督管理。

县级以上地方人民政府应当对食品生产加工小作坊、食品摊贩等进行综合治理，加强服务和统一规划，改善其生产经营环境，鼓励和支持其改进生产经营条件，进入集中交易市场、店铺等固定场所经营，或者在指定的临时经营区域、时段经营。食品生产加工小作坊和食品摊贩等的具体管理办法由省、自治区、直辖市制定。

生产经营的食品中不得添加药品，但是可以添加按照传统既是食品又是中药材的物质。按照传统既是食品又是中药材的物质目录由国务院卫生健康主管部门会同国务院食品安全监督管理部门制定、公布。

二、食品生产经营企业从业人员的管理

食品生产经营者应当建立并执行从业人员健康管理制度。患有国务院卫生健康主管部门规定的有碍食品安全疾病的人员，不得从事接触直接入口食品的工作。从事接触直接入口食品工作的食品生产经营人员应当每年进行健康检查，取得健康证明后方可上岗工作。

三、食品生产过程管理

1. 制定并实施食品安全管理控制要求　食品生产企业应当就下列事项制定并实施控制要求，保证所生产的食品符合食品安全标准：①原料采购、原料验收、投料等原料控制；②生产工序、设备、贮存、包装等生产关键环节控制；③原料检验、半成品检验、成品出厂检验等检验控制；④运输和交付控制。

2. 建立进货查验记录制度　食品生产者采购食品原料、食品添加剂、食品相关产品，应当查验供货者的许可证和产品合格证明；对无法提供合格证明的食品原料，应当按照食品安全标准进行检验；不

得采购或者使用不符合食品安全标准的食品原料、食品添加剂、食品相关产品。

食品生产企业应当建立食品原料、食品添加剂、食品相关产品进货查验记录制度，如实记录食品原料、食品添加剂、食品相关产品的名称、规格、数量、生产日期或者生产批号、保质期、进货日期以及供货者名称、地址、联系方式等内容，并保存相关凭证。记录和凭证保存期限不得少于产品保质期满后6个月；没有明确保质期的，保存期限不得少于2年。

3. 建立出厂检验记录制度　食品生产企业应当建立食品出厂检验记录制度，查验出厂食品的检验合格证和安全状况，如实记录食品的名称、规格、数量、生产日期或者生产批号、保质期、检验合格证号、销售日期以及购货者名称、地址、联系方式等内容，并保存相关凭证。记录和凭证保存期限不得少于产品保质期满后6个月；没有明确保质期的，保存期限不得少于2年。

食品、食品添加剂、食品相关产品的生产者，应当按照食品安全标准对所生产的食品、食品添加剂、食品相关产品进行检验，检验合格后方可出厂或者销售。

四、食品添加剂管理

国家对食品添加剂生产实行许可制度。从事食品添加剂生产，应当具有与所生产食品添加剂品种相适应的场所、生产设备或者设施、专业技术人员和管理制度，并依照规定的程序，取得食品添加剂生产许可。生产食品添加剂应当符合法律、法规和食品安全国家标准。

食品添加剂应当在技术上确有必要且经过风险评估证明安全可靠，方可列入允许使用的范围；有关食品安全国家标准应当根据技术必要性和食品安全风险评估结果及时修订。

食品生产经营者应当按照食品安全国家标准使用食品添加剂。

食品添加剂生产者应当建立食品添加剂出厂检验记录制度，查验出厂产品的检验合格证和安全状况，如实记录食品添加剂的名称、规格、数量、生产日期或者生产批号、保质期、检验合格证号、销售日期以及购货者名称、地址、联系方式等相关内容，并保存相关凭证。记录和凭证保存期限不得少于产品保质期满后6个月；没有明确保质期的，保存期限不得少于2年。

食品添加剂经营者采购食品添加剂，应当依法查验供货者的许可证和产品合格证明文件，如实记录食品添加剂的名称、规格、数量、生产日期或者生产批号、保质期、进货日期以及供货者名称、地址、联系方式等内容，并保存相关凭证。记录和凭证保存期限不得少于产品保质期满后6个月；没有明确保质期的，保存期限不得少于2年。

五、食品召回、广告、进出口管理

1. 食品召回　国家建立食品召回制度。食品生产者发现其生产的食品不符合食品安全标准或者有证据证明可能危害人体健康的，应当立即停止生产，召回已经上市销售的食品，通知相关生产经营者和消费者，并记录召回和通知情况。

食品经营者发现其经营的食品有前款规定情形的，应当立即停止经营，通知相关生产经营者和消费者，并记录停止经营和通知情况。食品生产者认为应当召回的，应当立即召回。由于食品经营者的原因造成其经营的食品有前款规定情形的，食品经营者应当召回。

食品生产经营者应当对召回的食品采取无害化处理、销毁等措施，防止其再次流入市场。但是，对因标签、标志或者说明书不符合食品安全标准而被召回的食品，食品生产者在采取补救措施且能保证食品安全的情况下可以继续销售；销售时应当向消费者明示补救措施。

食品生产经营者应当将食品召回和处理情况向所在地县级人民政府食品安全监督管理部门报告；需要对召回的食品进行无害化处理、销毁的，应当提前报告时间、地点。食品安全监督管理部门认为必要的，可以实施现场监督。

食品生产经营者未依照《食品安全法》规定召回或者停止经营的，县级以上人民政府食品安全监督管理部门可以责令其召回或者停止经营。

2. 食品广告　《食品安全法》规定，食品广告的内容应当真实合法，不得含有虚假内容，不得涉及疾病预防、治疗功能。食品生产经营者对食品广告内容的真实性、合法性负责。

县级以上人民政府食品安全监督管理部门和其他有关部门以及食品检验机构、食品行业协会不得以广告或者其他形式向消费者推荐食品。消费者组织不得以收取费用或者其他牟取利益的方式向消费者推荐食品。

3. 食品进出口管理　国家出入境检验检疫部门对进出口食品安全实施监督管理。进口的食品、食品添加剂、食品相关产品应当符合我国食品安全国家标准。进口的食品、食品添加剂应当经出入境检验检疫机构依照进出口商品检验相关法律、行政法规的规定检验合格。进口的食品、食品添加剂应当按照国家出入境检验检疫部门的要求随附合格证明材料。

进口尚无食品安全国家标准的食品，由境外出口商、境外生产企业或者其委托的进口商向国务院卫生健康主管部门提交所执行的相关国家（地区）标准或者国际标准。国务院卫生健康主管部门对相关标准进行审查，认为符合食品安全要求的，决定暂予适用，并及时制定相应的食品安全国家标准。进口利用新的食品原料生产的食品或者进口食品添加剂新品种、食品相关产品新品种，依照《食品安全法》的规定办理。出入境检验检疫机构按照国务院卫生健康主管部门的要求，对前款规定的食品、食品添加剂、食品相关产品进行检验。检验结果应当公开。

境外出口商、境外生产企业应当保证向我国出口的食品、食品添加剂、食品相关产品符合《食品安全法》以及我国其他有关法律、行政法规的规定和食品安全国家标准的要求，并对标签、说明书的内容负责。进口商应当建立境外出口商、境外生产企业审核制度，重点审核前款规定的内容；审核不合格的，不得进口。发现进口食品不符合我国食品安全国家标准或者有证据证明可能危害人体健康的，进口商应当立即停止进口，并依照《食品安全法》的规定召回。

进口的预包装食品、食品添加剂应当有中文标签；依法应当有说明书的，还应当有中文说明书。标签、说明书应当符合《食品安全法》以及我国其他有关法律、行政法规的规定和食品安全国家标准的要求，并载明食品的原产地以及境内代理商的名称、地址、联系方式。预包装食品没有中文标签、中文说明书或者标签、说明书不符合本条规定的，不得进口。

进口商应当建立食品、食品添加剂进口和销售记录制度，如实记录食品、食品添加剂的名称、规格、数量、生产日期、生产或者进口批号、保质期、境外出口商和购货者名称、地址及联系方式、交货日期等内容，并保存相关凭证。记录和凭证保存期限不得少于产品保质期满后6个月；没有明确保质期的，保存期限不得少于2年。

食品安全是一项重要的社会问题，各级政府和食品生产经营者必须认真履行相关法律法规，确保食品安全，保护人民群众的生命和健康。食品生产经营者要建立健全自身的食品安全管理体系，履行社会责任，确保所生产的食品安全可靠。食品监管部门要加强监督管理，及时发现和处理食品安全问题，确保食品市场的安全和稳定。

第三节　食品检验

一、食品检验的概念

食品检验，是指食品检验机构根据有关国家标准，对食品原料、辅助材料、食品的质量和安全性进行的检验，包括对食品理化指标、卫生指标、外观特性以及外包装、内包装、标志等进行的检验。食品检验是保证食品安全，加强食品安全监管的重要技术支撑，是保障食品安全的一系列制度中不可或缺的环节。

二、食品检验机构和食品检验人

1. 食品检验机构 食品检验机构按照国家有关认证认可的规定取得资质认定后，方可从事食品检验活动。但是，法律另有规定的除外。食品检验机构的资质认定条件和检验规范，由国务院食品安全监督管理部门规定。符合《食品安全法》规定的食品检验机构出具的检验报告具有同等效力。县级以上人民政府应当整合食品检验资源，实现资源共享。

2. 食品检验人 《食品安全法》规定，食品检验由食品检验机构指定的检验人独立进行。检验人应当依照有关法律、法规的规定，并按照食品安全标准和检验规范对食品进行检验，尊重科学，恪守职业道德，保证出具的检验数据和结论客观、公正，不得出具虚假检验报告。

食品检验实行食品检验机构与检验人负责制。食品检验报告应当加盖食品检验机构公章，并有检验人的签名或者盖章。食品检验机构和检验人对出具的食品检验报告负责。

三、食品检验的程序

《食品安全法》规定，县级以上人民政府食品安全监督管理部门应当对食品进行定期或者不定期的抽样检验，并依据有关规定公布检验结果，不得免检。进行抽样检验，应当购买抽取的样品，委托符合《食品安全法》规定的食品检验机构进行检验，并支付相关费用；不得向食品生产经营者收取检验费和其他费用。

对依照《食品安全法》规定实施的检验结论有异议的，食品生产经营者可以自收到检验结论之日起七个工作日内向实施抽样检验的食品安全监督管理部门或者其上一级食品安全监督管理部门提出复检申请，由受理复检申请的食品安全监督管理部门在公布的复检机构名录中随机确定复检机构进行复检。复检机构出具的复检结论为最终检验结论。复检机构与初检机构不得为同一机构。复检机构名录由国务院认证认可监督管理、食品安全监督管理、卫生行政、农业行政等部门共同公布。

采用国家规定的快速检测方法对食用农产品进行抽查检测，被抽查人对检测结果有异议的，可以自收到检测结果时起四小时内申请复检。复检不得采用快速检测方法。食品生产企业可以自行对所生产的食品进行检验，也可以委托符合《食品安全法》规定的食品检验机构进行检验。食品行业协会和消费者协会等组织、消费者需要委托食品检验机构对食品进行检验的，应当委托符合《食品安全法》规定的食品检验机构进行。食品添加剂的检验，适用《食品安全法》有关食品检验的规定。

第四节　食品安全事故处理

一、食品安全事故的概念

食品安全事故，指食源性疾病、食品污染等源于食品，对人体健康有危害或者可能有危害的事故。食源性疾病，指食品中致病因素进入人体引起的感染性、中毒性等疾病，包括食物中毒。

二、食品安全事故应急预案

国务院组织制定国家食品安全事故应急预案。县级以上地方人民政府应当根据有关法律、法规的规定和上级人民政府的食品安全事故应急预案以及本行政区域的实际情况，制定本行政区域的食品安全事故应急预案，并报上一级人民政府备案。

食品安全事故应急预案应当对食品安全事故分级、事故处置组织指挥体系与职责、预防预警机制、处置程序、应急保障措施等作出规定。

食品生产经营企业应当制定食品安全事故处置方案，定期检查本企业各项食品安全防范措施的落实情况，及时消除事故隐患。

三、食品安全事故应急处置措施

1. 食品安全事故的应急处置和报告 《食品安全法》规定，发生食品安全事故的单位应当立即采取措施，防止事故扩大。事故单位和接收病人进行治疗的单位应当及时向事故发生地县级人民政府食品安全监督管理、卫生健康主管部门报告。

2. 食品安全事故的通报和上报 县级以上人民政府农业行政等部门在日常监督管理中发现食品安全事故或者接到事故举报，应当立即向同级食品安全监督管理部门通报。

发生食品安全事故，接到报告的县级人民政府食品安全监督管理部门应当按照应急预案的规定向本级人民政府和上级人民政府食品安全监督管理部门报告。县级人民政府和上级人民政府食品安全监督管理部门应当按照应急预案的规定上报。

任何单位和个人不得对食品安全事故隐瞒、谎报、缓报，不得隐匿、伪造、毁灭有关证据。

医疗机构发现其接收的病人属于食源性疾病病人或者疑似病人的，应当按照规定及时将相关信息向所在地县级人民政府卫生健康主管部门报告。县级人民政府卫生健康主管部门认为与食品安全有关的，应当及时通报同级食品安全监督管理部门。

县级以上人民政府卫生健康主管部门在调查处理传染病或者其他突发公共卫生事件中发现与食品安全相关的信息，应当及时通报同级食品安全监督管理部门。

县级以上人民政府食品安全监督管理部门接到食品安全事故的报告后，应当立即会同同级卫生行政、农业行政等部门进行调查处理，并采取下列措施，防止或者减轻社会危害：①开展应急救援工作，组织救治因食品安全事故导致人身伤害的人员；②封存可能导致食品安全事故的食品及其原料，并立即进行检验；对确认属于被污染的食品及其原料，责令食品生产经营者依照规定召回或者停止经营；③封存被污染的食品相关产品，并责令进行清洗消毒；④做好信息发布工作，依法对食品安全事故及其处理情况进行发布，并对可能产生的危害加以解释、说明。

3. 现场卫生处理 发生食品安全事故，县级以上疾病预防控制机构应当对事故现场进行卫生处理，并对与事故有关的因素开展流行病学调查，有关部门应当予以协助。县级以上疾病预防控制机构应当向同级食品安全监督管理、卫生健康主管部门提交流行病学调查报告。

四、食品安全事故责任调查

1. 食品安全事故责任调查的主体 发生食品安全事故，设区的市级以上人民政府食品安全监督管理部门应当立即会同有关部门进行事故责任调查，督促有关部门履行职责，向本级人民政府和上一级人民政府食品安全监督管理部门提出事故责任调查处理报告。涉及两个以上省、自治区、直辖市的重大食品安全事故由国务院食品安全监督管理部门依照规定组织事故责任调查。

2. 食品安全事故调查的原则 调查食品安全事故，应当坚持实事求是、尊重科学的原则，及时、准确查清事故性质和原因，认定事故责任，提出整改措施。调查食品安全事故，除了查明事故单位的责任，还应当查明有关监督管理部门、食品检验机构、认证机构及其工作人员的责任。

3. 不得阻挠、干涉食品安全事故的调查处理 食品安全事故调查部门有权向有关单位和个人了解与事故有关的情况，并要求提供相关资料和样品。有关单位和个人应当予以配合，按照要求提供相关资料和样品，不得拒绝。任何单位和个人不得阻挠、干涉食品安全事故的调查处理。

第五节 法律责任

一、食品生产经营的法律责任

违反《食品卫生法》规定，未取得食品生产经营许可从事食品生产经营活动，或者未取得食品添加剂生产许可从事食品添加剂生产活动的，由县级以上人民政府食品安全监督管理部门没收违法所得和违法生产经营的食品、食品添加剂以及用于违法生产经营的工具、设备、原料等物品；违法生产经营的食品、食品添加剂货值金额不足1万元的，并处5万元以上10万元以下罚款；货值金额1万元以上的，并处货值金额10倍以上20倍以下罚款。明知从事上述规定的违法行为，仍为其提供生产经营场所或者其他条件的，由县级以上人民政府食品安全监督管理部门责令停止违法行为，没收违法所得，并处5万元以上10万元以下罚款；使消费者的合法权益受到损害的，应当与食品、食品添加剂生产经营者承担连带责任。

二、出具虚假检验报告的法律责任

食品检验机构、食品检验人员违反《食品安全法》规定出具虚假检验报告的，由授予其资质的主管部门或者机构撤销该食品检验机构的检验资质，没收所收取的检验费用，并处检验费用5倍以上10倍以下罚款，检验费用不足1万元的，并处5万元以上10万元以下罚款；依法对食品检验机构直接负责的主管人员和食品检验人员给予撤职或者开除的处分；导致发生重大食品安全事故的，对直接负责的主管人员和食品检验人员给予开除处分。

违反《食品安全法》规定，受到开除处分的食品检验机构人员，自处分决定作出之日起10年内不得从事食品检验工作；因食品安全违法行为受到刑事处罚或者因出具虚假检验报告导致发生重大食品安全事故受到开除处分的食品检验机构人员，终身不得从事食品检验工作。食品检验机构聘用不得从事食品检验工作的人员的，由授予其资质的主管部门或者机构撤销该食品检验机构的检验资质。食品检验机构出具虚假检验报告，使消费者的合法权益受到损害的，应当与食品生产经营者承担连带责任。

三、医疗机构未依照规定报告的法律责任

医疗机构发现其接收的患者属于食源性疾病患者、食物中毒患者，或者疑似食源性疾病患者、疑似食物中毒患者，未依照规定报告有关疾病信息的，由卫生健康主管部门责令改正，给予警告。

✎ 练习题

答案解析

一、单项选择题

1. 食品安全风险监测技术机构的职责，下列说法错误的是（ ）

A. 根据食品安全风险监测计划和监测方案开展监测工作

B. 保证监测数据真实、准确

C. 食品安全风险监测工作人员有权进入食品生产经营场所采集样品

D. 采集样品不需要支付任何费用

E. 按照食品安全风险监测计划和监测方案的要求报送监测数据和分析结果

2. 制定、实施国家食品安全风险监测计划的部门是（　　）

A. 国务院卫生健康主管部门　　B. 省、自治区、直辖市人大常委会

C. 省级卫生健康主管部门　　D. 县级卫生健康主管部门

E. 省、自治区、直辖市人民政府

3. 食品安全风险评估结果由（　　）公布

A. 国务院卫生健康主管部门　　B. 省、自治区、直辖市人大常委会

C. 省级卫生健康主管部门　　D. 县级卫生健康主管部门

E. 省、自治区、直辖市人民政府

4. 关于食品安全标准的说法错误的是（　　）

A. 食品安全国家标准应当经全国人民代表大会审查通过

B. 食品安全标准是强制执行的标准

C. 食品安全标准应当供公众免费查阅

D. 食品安全国家标准由国务院卫生健康主管部门会同国务院食品安全监督管理部门制定、公布

E. 国务院标准化行政部门提供国家标准编号

5. 食品安全国家标准的编号由（　　）提供

A. 国务院卫生健康主管部门　　B. 国务院食品安全监督管理部门

C. 国务院标准化行政部门　　D. 省级卫生健康主管部门

E. 国家标准审评委员会

二、简答题

1. 什么是食品与食品安全？

2. 简述食品安全法的适用范围。

3. 什么是食品安全风险评估？需要评估的情形有哪些？

（刘　红）

书网融合……

本章小结　　　　　微课　　　　　题库

第七章 药品管理法律制度

PPT

学习目标

知识目标

1. 掌握药品管理法的概念；药品种类管理；假药、劣药的管理；药品监督的概念、药品监督管理机构及其职责。

2. 熟悉从事药品生产和经营活动应具备的条件；药品检验机构的职责；药品不良反应报告制度；违反药品管理法的行政责任。

3. 了解药品标准和注册；药品广告管理；医疗机构制剂管理；违反药品管理法的民事责任和刑事责任。

能力目标

能运用药品管理相关法律制度规范药品的生产和经营，加强对药品的管理和监督，增强相关主体的法律责任。

素质目标

通过本章学习药品管理相关的法律制度，具备尊重法律权威、学习法律知识、养成守法习惯、提高用法能力。

情境：李某多次到昆明市农贸市场等地，向不具有资质的销售者购买不合法的"痛除根、痛风、风湿"等特效药。逢当地村镇赶集日，李某便摆设摊位销售药品。某天，李某在摆摊售卖时被当昆明市市场监督管理局执法人员当场查获，现场查获5种药品，共计63瓶。经依法认定李某持有的5种涉案药品属于"非药品冒充药品"，依法认定为假药。法院判决被告人李某犯销售假药罪，判处李某拘役五个月，缓刑十个月，扣押在案的63瓶假药依法予以没收。

思考：依照法律规定，哪些情况被视为生产使用假药？

解析

第一节 概 述

一、药品及药品管理法

（一）药品的概念

药品指用于预防、治疗、诊断人的疾病，有目的地调节人的生理功能并规定有适应证或者功能主治、用法和用量的物质，包括中药、化学药和生物制品等。

（二）药品的特性

药品是一种特殊意义上的商品，具有不同于一般商品的特性。

1. 药品具有一定的不良反应 虽然药品具有防病、治病、康复保健的作用，但多数药品又有不同程度的不良反应。这就需要在人们使用药品时进行指导。

2. 药品的质量不容易辨别 药品质量的优劣及真伪不容易为一般消费者所识别，通常需要借助于一定的科学仪器和技术。国家必须制定药品标准并设立一定的技术鉴定机构和监管机构，才能确保药品的质量。

3. 药品作用于人体，社会影响大 药品是人们对抗疾病的有效方法之一。药品一旦进入流通领域，就会关系到人的健康、生命的安全，关系到千家万户的幸福与安宁。

基于以上特性，为了维护公众健康，确保药品安全有效，几乎所有国家对药品都采取了比其他商品更为严格的监督管理措施，制定专门的法律，对生产、销售药品的企业设立许可制度，设立专门的监督管理机关和检验机构，颁发药品标准的统一技术规范等，对药品生产、销售、运输、保管、使用等多个方面进行多方监控，从而维护和促进药品对人体健康的保障作用。

（三）药品管理法的概念

药品管理法是调整药品监督管理，保证药品质量，保障公众用药安全，维护公众健康活动中产生的各种社会关系的法律规范的总和。

狭义的药品管理法仅指全国人大常务委员会通过并修订的《中华人民共和国药品管理法》（以下简称《药品管理法》）；广义的药品管理法则是指国家制定和颁布的一切有关药品管理的法律规范。它既包括《药品管理法》《中华人民共和国宪法》和《中华人民共和国刑法》等其他法律中关于药品管理的条文，还包括《中华人民共和国药品管理实施条例》《药品注册管理办法》等法规和规章，此外，我国参加或承认的国际公约中有关国际药事的法规或条款也属于广义的药品管理法的范畴。

二、药品管理法的适用范围

《药品管理法》于1984年9月20日，第六届全国人民代表大会常务委员会第七次会议通过，1985年7月1日起施行；2001年2月28日第九届全国人民代表大会常务委员会第二十次会议第一次修订，自2001年12月1日起施行；2019年8月26日第十三届全国人民代表大会常务委员会第十二次会议第二次修订，于2019年12月1日起施行。《药品管理法》第二条规定："在中华人民共和国境内从事药品研制、生产、经营、使用和监督管理活动，适用本法。"

第二节 药品生产和经营

一、药品生产

根据《药品管理法》的规定，从事药品生产活动，应当经所在地省、自治区、直辖市人民政府药品监督管理部门批准，取得药品生产许可证。无药品生产许可证的，不得生产药品。药品生产许可证应当标明有效期和生产范围，到期重新审查发证。

从事药品生产活动，应该具备以下条件：①有依法经过资格认定的药学技术人员、工程技术人员及相应的技术工人；②有与药品生产相适应的厂房、设施和卫生环境；③有能对所生产药品进行质量管理和质量检验的机构、人员以及必要的仪器设备；④有保证药品质量的规章制度。

从事药品生产活动，应当遵守药品生产质量管理规范，建立健全药品生产质量管理体系，保证药品生产全过程持续符合法定要求。药品应当按照国家药品标准和经药品监督管理部门核准的生产工艺进行生产。生产、检验记录应当完整准确，不得编造。生产药品所需的原料、辅料，应当符合药用要求、药品生产质量管理规范的有关要求。药品生产企业应当对药品进行质量检验。不符合国家药品标准的，不得出厂。

药品包装应当按照规定印有或者贴有标签并附有说明书。标签或者说明书应当注明药品的通用名称、成分、规格、上市许可持有人及其地址、生产企业及其地址、批准文号、产品批号、生产日期、有效期、适应证或者功能主治、用法、用量、禁忌、不良反应和注意事项。标签、说明书中的文字应当清晰，生产日期、有效期等事项应当显著标注，容易辨识。麻醉药品、精神药品、医疗用毒性药品、放射性药品、外用药品和非处方药的标签、说明书，应当印有规定的标志。

药品上市许可持有人、药品生产企业、药品经营企业和医疗机构中直接接触药品的工作人员，应当每年进行健康检查。患有传染病或者其他可能污染药品的疾病的，不得从事直接接触药品的工作。

二、药品经营

从事药品批发活动，应当经所在地省、自治区、直辖市人民政府药品监督管理部门批准，取得药品经营许可证。从事药品零售活动，应当经所在地县级以上地方人民政府药品监督管理部门批准，取得药品经营许可证。无药品经营许可证的，不得经营药品。药品经营许可证应当标明有效期和经营范围，到期重新审查发证。

从事药品经营活动应当具备以下条件：①有依法经过资格认定的药师或者其他药学技术人员；②有与所经营药品相适应的营业场所、设备、仓储设施和卫生环境；③有与所经营药品相适应的质量管理机构或者人员；④有保证药品质量的规章制度，并符合国务院药品监督管理部门依据《药品管理法》制定的药品经营质量管理规范要求。

从事药品经营活动，应当遵守药品经营质量管理规范，建立健全药品经营质量管理体系，保证药品经营全过程持续符合法定要求。

国家鼓励、引导药品零售连锁经营。从事药品零售连锁经营活动的企业总部，应当建立统一的质量管理制度，对所属零售企业的经营活动履行管理责任。药品经营企业的法定代表人、主要负责人对本企业的药品经营活动全面负责。

国家对药品实行处方药与非处方药分类管理制度。具体办法由国务院药品监督管理部门会同国务院卫生健康主管部门制定。

药品上市许可持有人、药品生产企业、药品经营企业和医疗机构应当从药品上市许可持有人或者具有药品生产、经营资格的企业购进药品。药品上市许可持有人、药品经营企业通过网络销售药品，应当遵守《药品管理法》药品经营的有关规定。药品网络交易第三方平台提供者应当按照国务院药品监督管理部门的规定，向所在地省、自治区、直辖市人民政府药品监督管理部门备案。疫苗、血液制品、麻醉药品、精神药品、医疗用毒性药品、放射性药品、药品类易制毒化学品等国家实行特殊管理的药品不得在网络上销售。药品网络交易第三方平台提供者应当按照国务院药品监督管理部门的规定，向所在地省、自治区、直辖市人民政府药品监督管理部门备案。

进口、出口麻醉药品和国家规定范围内的精神药品，应当持有国务院药品监督管理部门颁发的进口准许证、出口准许证。禁止进口疗效不确切、不良反应大或者因其他原因危害人体健康的药品。

第三节 药品管理

一、药品标准

药品标准是国家对药品质量规格及检验方法所做出的技术性规范，由一系列反映药品的特征的技术参数和技术指标组成，是药品生产、经营、使用、检验和管理部门必须共同遵循的法定依据。

《药品管理法》规定，药品应当符合国家药品标准。经国务院药品监督管理部门核准的药品质量标准高于国家药品标准的，按照经核准的药品质量标准执行；没有国家药品标准的，应当符合经核准的药品质量标准。国务院药品监督管理部门颁布的《中华人民共和国药典》和其他药品标准为国家药品标准。

国务院药品监督管理部门会同国务院卫生健康主管部门组织药典委员会，负责国家药品标准的制定和修订。国务院药品监督管理部门设置或者指定的药品检验机构负责标定国家药品标准品、对照品。

列入国家药品标准的药品名称为药品通用名称。已经作为药品通用名称的，该名称不得作为药品商标使用。

二、药品注册

药品注册是指药品注册申请人依照法定程序和相关要求提出药物临床试验、药品上市许可、再注册等申请以及补充申请，药品监督管理部门基于法律法规和现有科学认知进行安全性、有效性和质量可控性等审查，决定是否同意其申请的活动。

《药品注册管理办法》规定，国家药品监督管理局主管全国药品注册工作，负责建立药品注册管理工作体系和制度，制定药品注册管理规范，依法组织药品注册审评审批以及相关的监督管理工作。

药品注册按照中药、化学药和生物制品等进行分类注册管理。中药注册按照中药创新药、中药改良型新药、古代经典名方中药复方制剂、同名同方药等进行分类。

化学药注册按照化学药创新药、化学药改良型新药、仿制药等进行分类。生物制品注册按照生物制品创新药、生物制品改良型新药、已上市生物制品（含生物类似药）等进行分类。中药、化学药和生物制品等药品的细化分类和相应的申报资料要求，由国家药品监督管理局根据注册药品的产品特性、创新程度和审评管理需要组织制定，并向社会公布。境外生产药品的注册申请，按照药品的细化分类和相应的申报资料要求执行。申请药品注册，应当提供真实、充分、可靠的数据、资料和样品，证明药品的安全性、有效性和质量可控性。

对申请注册的药品，国务院药品监督管理部门应当组织药学、医学和其他技术人员进行审评，对药品的安全性、有效性和质量可控性以及申请人的质量管理、风险防控和责任赔偿等能力进行审查；符合条件的，颁发药品注册证书。

国务院药品监督管理部门在审批药品时，对化学原料药一并审评审批，对相关辅料、直接接触药品的包装材料和容器一并审评，对药品的质量标准、生产工艺、标签和说明书一并核准。

三、药品种类管理

（一）处方药、非处方药

1. 处方药与非处方药的概念 处方药指凭执业医师或执业助理医师处方方可购买、调配和使用的药品。非处方药是指由国务院药品监督管理部门公布的，即不需要凭执业医师或执业助理医师处方，消费者可以自行判断、购买和使用的药品。为保障人民用药安全有效、使用方便，国家药品监督管理局于1999年公布了《处方药与非处方药分类管理办法》。此后，又陆续公布了国家非处方药目录。

2. 分类管理的内容　根据《处方药与非处方药分类管理办法》的规定，处方药、非处方药生产企业必须具有《药品生产企业许可证》，其生产品种必须取得药品批准文号。处方药只准在专业性医药报刊进行广告宣传。根据药品的安全性，非处方药分为甲、乙两类。经营处方药、非处方药的批发企业和经营处方药、甲类非处方药的零售企业必须具有《药品经营企业许可证》。其他商业企业，经省级药品监督管理部门或其授权部门批准，可以零售乙类非处方药。

（二）特殊药物管理

根据《药品管理法》规定，国务院对麻醉药品、精神药品、医疗用毒性药品、放射性药品、药品类易制毒化学品等，实行特殊的管理办法。

1. 麻醉药品和精神药品的管理　根据《麻醉药品和精神药品管理条例》的规定，麻醉药品和精神药品，是指列入麻醉药品目录、精神药品目录的药品和其他物质。精神药品分为第一类和第二类精神药品。

国家对麻醉药品药用原植物以及麻醉药品和精神药品实行管制。

根据《麻醉药品和精神药品管理条例》的规定，国家根据麻醉药品和精神药品的医疗、国家储备和企业生产所需原料的需要确定需求总量，对麻醉药品药用原植物的种植、麻醉药品和精神药品的生产实行总量控制。国务院药品监督管理部门根据麻醉药品和精神药品的需求总量制定年度生产计划。国务院药品监督管理部门和国务院农业主管部门根据麻醉药品年度生产计划，制定麻醉药品药用原植物年度种植计划。

国家对麻醉药品和精神药品实行定点生产制度。生产麻醉药品和精神药品的企业，应当依照《药品管理法》的规定取得药品实验研究批准文件。未取得药品批准文号的，不得生产麻醉药品和精神药品。从事麻醉药品、精神药品生产的企业，应当经所在地省、自治区、直辖市人民政府药品监督管理部门批准。执业医师应当使用专用处方开具麻醉药品和精神药品。处方的调配人、核对人应当仔细核对，签署姓名，予以登记。对不符合《麻醉药品和精神药品管理条例》规定的，处方的调配人、核对人应当拒绝发药。医疗机构应当对麻醉药品和精神药品处方进行专册登记，加强管理。麻醉药品处方至少保存3年，精神药品处方至少保存2年。

2. 医疗用毒性药品的管理　毒性药品指毒性剧烈、治疗剂量与中毒剂量相近，使用不当会致人中毒或死亡的药品。

《医疗用毒性药品管理办法》规定毒性药品年度生产、收购、供应和配制计划，由省、自治区、直辖市医药管理部门根据医疗需要制定，经省、自治区、直辖市卫生健康主管部门审核后，由医药管理部门下达给指定的毒性药品生产、收购、供应单位，并抄报国家卫生健康委员会、国家药品监督管理局和国家中医药管理局。生产单位不得擅自改变生产计划，自行销售。药厂必须由医药专业人员负责生产、配制和质量检验，并建立严格的管理制度，严防与其他药品混杂。

生产毒性药品及其制剂，必须严格执行生产工艺操作规程，在本单位药品检验人员的监督下准确投料，并建立完整的生产记录，生产记录保存5年备查。医疗单位凭医生签名的正式处方供应和调配毒性药品，每次处方不得超过2日极量。科研和教学单位所需的毒性药品，必须持本单位的证明信，经单位所在地县以上卫生健康主管部门批准后，供应部门方能发售。

3. 放射性药品的管理　放射性药品指用于临床诊断或者治疗的放射性核素制剂或其标记药物。

按照《放射性药品管理办法》规定，放射性药品的包装必须安全实用，符合放射性药品质量要求，具有与放射性剂量相适应的防护装置，包装必须分内包装和外包装两部分，外包装必须贴有商标、标签、说明书和放射性药品标志，内包装必须贴有标签。标签必须注明药品品名、放射性比活度、装量。进口放射性药品，必须经国务院药品监督管理部门指定的药品检验机构抽样检验；检验合格的，方准进口。

医疗单位使用放射性药品，需要相应管理部门核发的相应等级的《放射性药品使用许可证》，无许可证的医疗单位不得临床使用放射性药品。《放射性药品使用许可证》有效期为5年，期满前6个月，医疗单位应当向原发证的行政部门重新提出申请，经审核批准后，换发新证。

四、假药、劣药管理

根据《药品管理法》规定，禁止生产（包括配制）、销售、使用假药、劣药。有下列情形之一的，为假药：①药品所含成分与国家药品标准规定的成分不符；②以非药品冒充药品或者以他种药品冒充此种药品；③变质的药品；④药品所标明的适应证或者功能主治超出规定范围。有下列情形之一的，为劣药：①药品成分的含量不符合国家药品标准；②被污染的药品；③未标明或者更改有效期的药品；④未注明或者更改产品批号的药品；⑤超过有效期的药品；⑥擅自添加防腐剂、辅料的药品；⑦其他不符合药品标准的药品。

五、药品广告管理

药品广告会对消费者产生一定的引导作用，因此国家对药品广告加强了管理。结合《药品管理法》《中华人民共和国药品管理法实施条例》《中华人民共和国广告法》的相关规定，国家对药品广告管理措施主要有以下内容。

（一）药品广告的审批

药品广告应当经广告主所在地省、自治区、直辖市人民政府确定的广告审查机关批准；未经批准的，不得发布。药品广告的内容应当真实、合法，以国务院药品监督管理部门核准的药品说明书为准，不得含有虚假的内容。

（二）药品广告的限制

根据《中华人民共和国广告法》的规定，麻醉药品、精神药品、医疗用毒性药品、放射性药品等特殊药品，药品类易制毒化学品，以及戒毒治疗的药品、医疗器械和治疗方法，不得作广告。前述规定以外的处方药，只能在国务院卫生健康主管部门和国务院药品监督管理部门共同指定的医学、药学专业刊物上作广告。

医疗、药品、医疗器械广告不得含有下列内容：①表示功效、安全性的断言或者保证；②说明治愈率或者有效率；③与其他药品、医疗器械的功效和安全性或者其他医疗机构比较；④利用广告代言人作推荐、证明；⑤法律、行政法规规定禁止的其他内容。

药品广告的内容不得与国务院药品监督管理部门批准的说明书不一致，并应当显著标明禁忌、不良反应。处方药广告应当显著标明"本广告仅供医学药学专业人士阅读"，非处方药广告应当显著标明"请按药品说明书或者在药师指导下购买和使用"。

（三）药品广告内容的管理

药品广告的内容必须真实、合法，应以国务院药品监督管理部门核准的药品说明书为准；药品广告不得含有不科学的表示功效的断言或保证，不得利用国家机关、医药科研单位、学术机构或者专家、学者、医师、患者的名义或形象作证明；非药品广告不得有涉及药品的宣传。

（四）药品广告的监管及查处

国家市场监督管理总局负责组织指导药品、医疗器械、保健食品和特殊医学用途配方食品广告审查工作。各省、自治区、直辖市市场监督管理部门、药品监督管理部门负责药品、医疗器械、保健食品和特殊医学用途配方食品广告审查，依法可以委托其他行政机关具体实施广告审查。

六、医疗机构制剂管理

（一）医疗机构制剂许可制度

根据《药品管理法》的规定，医疗机构配制制剂，应当有能够保证制剂质量的设施、管理制度、检验仪器和卫生环境。医疗机构配制制剂，应当经所在地省、自治区、直辖市人民政府药品监督管理部门批准，取得《医疗机构制剂许可证》，无《医疗机构制剂许可证》的，不得配制制剂。

（二）医疗机构制剂的使用管理

医疗机构配制的制剂，应当是本单位临床需要而市场上没有供应的品种，并应当经所在地省、自治区、直辖市人民政府药品监督管理部门批准；但是，法律对配制中药制剂另有规定的除外。

医疗机构配制的制剂应当按照规定进行质量检验；合格的，凭医师处方在本单位使用。经国务院药品监督管理部门或者省、自治区、直辖市人民政府药品监督管理部门批准，医疗机构配制的制剂可以在指定的医疗机构之间调剂使用。

医疗机构配制的制剂不得在市场上销售。

第四节　药品监督

药品监督指药品监督管理部门（含省级人民政府药品监督管理部门依法设立的药品监督管理机构）依法对药品的研制、生产、经营、使用实施监督检查。我国对药品实行严格的监督管理并有一套完整的监督管理体系。

知识链接

"反应停"事件

20 世纪 50 年代，科学家推出一种新药，称其能在妊娠期控制精神紧张，预防孕妇恶心，并且有助眠作用。此药名为"反应停"（即沙利度胺）。1957 年首次被用处方，后来，医生们对很多新生儿四肢缩短和其他畸形开始产生警觉，究其原因是孕妇服用了"反应停"。虽该药随后被禁用，但当时全世界约有 8000 名婴儿已经受害。"反应停儿童"事件是一次惨痛的教训。它提醒人们，任何新药在用于临床之前必须经过彻底检验，尤其是用于孕妇的药物。

一、药品监督管理机构及其职责

国务院药品监督管理部门主管全国药品监督管理工作。国务院有关部门在各自职责范围内负责与药品有关的监督管理工作。国务院药品监督管理部门配合国务院有关部门，执行国家药品行业发展规划和产业政策。

省、自治区、直辖市人民政府药品监督管理部门负责本行政区域内的药品监督管理工作。设区的市级、县级人民政府承担药品监督管理职责的部门（以下称药品监督管理部门）负责本行政区域内的药品监督管理工作。县级以上地方人民政府有关部门在各自职责范围内负责与药品有关的监督管理工作。

县级以上地方人民政府对本行政区域内的药品监督管理工作负责，统一领导、组织、协调本行政区域内的药品监督管理工作以及药品安全突发事件应对工作，建立健全药品监督管理工作机制和信息共享机制。

药品监督管理部门作为药品监督管理主体，其主要监督职责体现以下几个方面。

1. 药品监督管理部门有权按照法律、行政法规的规定对报经其审批的药品研制和药品的生产、经营以及医疗机构使用药品的事项进行监督检查。

2. 根据监督检查的需要，可以对药品质量进行抽查检验；对有证据证明可能危害人体健康的药品及其有关材料可以采取查封、扣押的行政强制措施。

3. 定期公告药品质量抽查检验的结果。

二、药品检验机构及其职责

（一）药品检验机构

药品检验机构是由政府药品监督管理部门依法设立的执行国家对药品质量实施监督检验的法定专业机构。按《药品管理法》及其实施条例和《药品检验所工作管理办法》的规定，全国各级药品检验所，按行政区划设置，以地域管辖为主。中国药品生物制品检定所是全国药品检验的最高技术仲裁机构，是全国药品检验所业务技术指导中心。各级药品检验所受同级卫生健康主管部门领导，享受同级卫生健康主管部门所属直属单位的待遇，业务技术受上一级药品检验所指导。

（二）药品检验机构的职责

国务院和省、自治区、直辖市人民政府的药品监督管理部门应当定期公告药品质量抽查检验的结果。当事人对药品检验结果有异议的，可以自收到药品检验结果之日起七日内向原药品检验机构或者上一级药品监督管理部门设置或者指定的药品检验机构申请复验，也可以直接向国务院药品监督管理部门设置或者指定的药品检验机构申请复验。受理复验的药品检验机构应当在国务院药品监督管理部门规定的时间内作出复验结论。

三、药品不良反应报告

（一）药品不良反应的概念

药品不良反应指合格药品在正常用法、用量下出现的与用药目的无关的有害反应。药品不良反应是受人类技术水平的限制而出现的一种不可避免的现象，它意味着经过动物实验和临床试验的上市药品也未必绝对安全。

（二）药品不良反应报告制度

为了保障药品的安全有效，许多国家开始实行药品不良反应报告制度。

我国在 20 世纪 80 年代实施该制度。成立了国家药品不良反应监测中心和各地逐步也建立了地方的监测中心。根据《药品管理法》的规定，药品上市许可持有人应当开展药品上市后不良反应监测，主动收集、跟踪分析疑似药品不良反应信息，对已识别风险的药品及时采取风险控制措施。

药品上市许可持有人、药品生产企业、药品经营企业和医疗机构应当经常考察本单位所生产、经营、使用的药品质量、疗效和不良反应。发现疑似不良反应的，应当及时向药品监督管理部门和卫生健康主管部门报告。具体办法由国务院药品监督管理部门会同国务院卫生健康主管部门制定。

对已确认发生严重不良反应的药品，由国务院药品监督管理部门或者省、自治区、直辖市人民政府药品监督管理部门根据实际情况采取停止生产、销售、使用等紧急控制措施，并应当在五日内组织鉴定，自鉴定结论作出之日起十五日内依法作出行政处理决定。

第五节 中药管理

一、中药的概念

中药，是指在中医理论指导下，运用传统的独特方法进行加工炮制并用于疾病的预防、诊断和治疗，有明确适应证和用法、用量的植物、动物和矿物质及其天然加工品等，包括中药材、中药饮片和中成药。

（一）中药材

中药材的来源分为药用植物、动物、矿物类。大部分中药材来源于植物，药用部位有根、茎、叶、花、果实、种子、皮等。药用动物来自于动物的骨、胆结石、皮、肉及脏器。矿物类药材包括可供药用的天然矿物、矿物加工品，以及动物的化石等，如朱砂、石膏、红粉、轻粉、雄黄等。

（二）中药饮片

中药饮片指以中医药理论为指导，对中药材经净选、切片或进行特殊炮制后具有一定规格的制成品。

（三）中成药

中成药指在中医药理论指导下，经过临床运用证实其疗效确切、应用广泛的处方、验方或秘方，获得国家药品监督管理部门批准，以中医处方为依据，中药饮片为原料，按照规定的生产工艺和质量标准制成一定剂型、质量可控、安全有效、可批量生产的中药成方制剂。中成药剂型由过去的丸、散、膏、丹粗放制作发展到片剂冲剂、胶囊，以及包括滴丸、贴膜、气雾剂和注射剂等各种剂型。

二、中药的生产

（一）中药材的生产

1. 中药材种植养殖、采集、贮存和初加工 《中华人民共和国中医药法》（以下简称《中医药法》）规定，国家制定中药材种植养殖、采集、贮存和初加工的技术规范、标准，加强对中药材生产流通全过程的质量监督管理，保障中药材质量安全。国家鼓励发展中药材规范化种植养殖，严格管理农药、肥料等农业投入品的使用，禁止在中药材种植过程中使用剧毒、高毒农药，支持中药材良种繁育，提高中药材质量。

2. 道地药材保护 道地中药材，是指经过中医临床长期应用优选出来的，产在特定地域，与其他地区所产同种中药材相比，品质和疗效更好，且质量稳定，具有较高知名度的中药材。《中医药法》规定，国家建立道地中药材评价体系，支持道地中药材品种选育，扶持道地中药材生产基地建设，加强道地中药材生产基地生态环境保护，鼓励采取地理标志产品保护等措施保护道地中药材。

3. 中药材质量检测 国务院药品监督管理部门应当组织并加强对中药材质量的监测，定期向社会公布监测结果。国务院有关部门应当协助做好中药材质量监测有关工作。采集、贮存中药材，以及对中药材进行初加工，应当符合国家有关技术规范、标准和管理规定。

4. 野生动植物资源保护与利用 国家保护药用野生动植物资源，对药用野生动植物资源实行动态监测和定期普查，建立药用野生动植物资源种质基因库，鼓励发展人工种植养殖，支持依法开展珍贵、濒危药用野生动植物的保护、繁育及其相关研究。

5. 自种、自采地产中药材管理　在村医疗机构执业的中医医师、具备中药材知识和识别能力的乡村医生，按照国家有关规定可以自种、自采地产中药材，并在其执业活动中使用。

（二）中药饮片的生产

《中医药法》规定，国家保护中药饮片传统炮制技术和工艺，支持应用传统工艺炮制中药饮片，鼓励运用现代科学技术开展中药饮片炮制技术研究。医疗机构应当遵守中药饮片炮制的有关规定，对其炮制的中药饮片的质量负责，保证药品安全。医疗机构炮制中药饮片，应当向所在地设区的市级人民政府药品监督管理部门备案。根据临床用药需要，医疗机构可以凭本医疗机构医师的处方对中药饮片进行再加工。

（三）中药新药的研制和生产

国家鼓励和支持中药新药的研制和生产。国家保护传统中药加工技术和工艺，支持传统剂型中成药的生产，鼓励运用现代科学技术研究开发传统中成药。国家鼓励医疗机构根据本医疗机构临床用药需要配制和使用中药制剂，支持应用传统工艺配制中药制剂，支持以中药制剂为基础研制中药新药。

（四）古代经典名方的中药复方制剂生产

古代经典名方，是指至今仍广泛应用、疗效确切、具有明显特色与优势的古代中医籍所记载的方剂。《中医药法》规定，生产符合国家规定条件的来源于古代经典名方的中药复方制剂，在申请药品批准文号时，可以仅提供非临床安全性研究资料。

（五）医疗机构配制中药制剂管理

医疗机构配制中药制剂，应当依照《药品管理法》的规定取得医疗机构制剂许可证，或者委托取得药品生产许可证的药品生产企业、取得医疗机构制剂许可证的其他医疗机构配制中药制剂。委托配制中药制剂，应当向委托方所在地省、自治区、直辖市人民政府药品监督管理部门备案。

医疗机构配制的中药制剂品种，应当依法取得制剂批准文号。但是，仅应用传统工艺配制的中药制剂品种，向医疗机构所在地省、自治区、直辖市人民政府药品监督管理部门备案后即可配制，不需要取得制剂批准文号。

三、中药的经营

《中医药法》规定，国家鼓励发展中药材现代流通体系，提高中药材包装、仓储等技术水平，建立中药材流通追溯体系。药品生产企业购进中药材应当建立进货查验记录制度。中药材经营者应当建立进货查验和购销记录制度，并标明中药材产地。

《药品管理法》规定，药品经营企业销售中药材，必须标明产地。城乡集市贸易市场可以出售中药材，国务院另有规定的除外。

第六节　法律责任

违反《药品管理法》的法律责任可分为行政责任、民事责任和刑事责任。相关主体承担法律责任的依据除了《药品管理法》外，还有《中华人民共和国价格法》《中华人民共和国广告法》《中华人民共和国刑法》等法律。

一、行政责任

在药品监督管理中，行政责任包括行政处分和行政处罚。

（一）药品上市许可持有人、药品生产企业、药品经营企业及相关企业和医疗机构行政责任

1. 未取得药品生产许可证、药品经营许可证或者医疗机构制剂许可证生产、销售药品的，责令关闭，没收违法生产、销售的药品和违法所得，并处违法生产、销售的药品（包括已售出和未售出的药品）货值金额 15 倍以上 30 倍以下的罚款；货值金额不足 10 万元的，按 10 万元计算。

2. 生产、销售假药的，没收违法生产、销售的药品和违法所得，责令停产停业整顿，吊销药品批准证明文件，并处违法生产、销售的药品货值金额 15 倍以上 30 倍以下的罚款；货值金额不足 10 万元的，按 10 万元计算；情节严重的，吊销药品生产许可证、药品经营许可证或者医疗机构制剂许可证，十年内不受理其相应申请；药品上市许可持有人为境外企业的 10 年内禁止其药品进口。

3. 生产、销售劣药的，没收违法生产、销售的药品和违法所得，并处违法生产销售的药品货值金额 10 倍以上 20 倍以下的罚款；违法生产、批发的药品货值金额不足 10 万元的，按 10 万元计算，违法零售的药品货值金额不足 1 万元的，按 1 万元计算；情节严重的，责令停产停业整顿直至吊销药品批准证明文件、药品生产许可证、药品经营许可证或者医疗机构制剂许可证。

4. 药品使用单位使用假药、劣药的，按照销售假药、零售劣药的规定处罚；情节严重的，法定代表人、主要负责人、直接负责的主管人员和其他责任人员有医疗卫生人员执业证书的，还应当吊销执业证书。

5. 知道或者应当知道属于假药、劣药，而为其提供储存、运输等便利条件的，没收全部储存、运输收入，并处违法收入 1 倍以上 5 倍以下的罚款；情节严重的，并处违法收入 5 倍以上 15 倍以下的罚款；违法收入不足 5 万元的，按 5 万元计算。

6. 伪造、变造、出租、出借、非法买卖许可证或者药品批准证明文件的，没收违法所得，并处违法所得 1 倍以上 5 倍以下的罚款；情节严重的，并处违法所得 5 倍以上 15 倍以下的罚款，吊销药品生产许可证、药品经营许可证、医疗机构制剂许可证或者药品批准证明文件，对法定代表人、主要负责人、直接负责的主管人员和其他责任人员，处 2 万元以上 20 万元以下的罚款，10 年内禁止从事药品生产经营活动，并可以由公安机关处 5 日以上 15 日以下的拘留。

7. 提供虚假的证明、数据、资料、样品或者采取其他手段骗取临床试验许可、药品生产许可、药品经营许可、医疗机构制剂许可或者药品注册等许可的，撤销相关许可，10 年内不受理其相应申请，并处 50 万元以上 500 万元以下的罚款；情节严重的，对法定代表人、主要负责人、直接负责的主管人员和其他责任人员，处 2 万元以上 20 万元以下的罚款，十年内禁止从事药品生产经营活动，并可以由公安机关处 5 日以上 15 日以下的拘留。

8. 药品上市许可持有人、药品生产企业、药品经营企业、药物非临床安全性评价研究机构、药物临床试验机构等未遵守药品生产质量管理规范、药品经营质量管理规范、药物非临床研究质量管理规范、药物临床试验质量管理规范等的，责令限期改正，给予警告；逾期不改正的，处 10 万元以上 50 万元以下的罚款；情节严重的，处 50 万元以上 200 万元以下的罚款，责令停产停业整顿直至吊销药品批准证明文件、药品生产许可证、药品经营许可证等，药物非临床安全性评价研究机构、药物临床试验机构等五年内不得开展药物非临床安全性评价研究、药物临床试验，对法定代表人、主要负责人、直接负责的主管人员和其他责任人员，没收违法行为发生期间自本单位所获收入，并处所获收入百分之十以上百分之五十以下的罚款，十年直至终身禁止从事药品生产经营等活动。

9. 药品上市许可持有人未按照规定开展药品不良反应监测或者报告疑似药品不良反应的，责令限期改正，给予警告；逾期不改正的，责令停产停业整顿，并处 10 万元以上 100 万元以下的罚款。药品经营企业未按照规定报告疑似药品不良反应的，责令限期改正，给予警告；逾期不改正的，责令停产停业整顿，并处 5 万元以上 50 万元以下的罚款。医疗机构未按照规定报告疑似药品不良反应的，责令限期改正，给予警告；逾期不改正的，处 5 万元以上 50 万元以下的罚款。

10. 药品上市许可持有人、药品生产企业、药品经营企业的负责人、采购人员等有关人员在药品购销中收受其他药品上市许可持有人、药品生产企业、药品经营企业或者代理人给予的财物或者其他不正当利益的，没收违法所得，依法给予处罚；情节严重的，5 年内禁止从事药品生产经营活动。

11. 医疗机构的负责人、药品采购人员、医师、药师等有关人员收受药品上市许可持有人、药品生产企业、药品经营企业或者代理人给予的财物或者其他不正当利益的，由卫生健康主管部门或者本单位给予处分，没收违法所得；情节严重的，还应当吊销其执业证书。

12. 编造、散布虚假药品安全信息，构成违反治安管理行为的，由公安机关依法给予治安管理处罚。

13. 有下列行为之一的，在《药品管理法》规定的处罚幅度内从重处罚：以麻醉药品、精神药品、医疗用毒性药品、放射性药品、药品类易制毒化学品冒充其他药品，或者以其他药品冒充上述药品；生产、销售以孕产妇、儿童为主要使用对象的假药、劣药；生产、销售的生物制品属于假药、劣药；生产、销售假药、劣药造成人身伤害后果；生产、销售假药、劣药，经处理后再犯；拒绝、逃避监督检查，伪造、销毁、隐匿有关证据材料，或者擅自动用查封、扣押物品。

（二）药品监督者的行政责任

1. 药品检验机构出具虚假检验报告的，责令改正，给予警告，对单位并处 20 万元以上 100 万元以下的罚款；对直接负责的主管人员和其他直接责任人员依法给予降级、撤职、开除处分，没收违法所得，并处 5 万元以下的罚款；情节严重的，撤销其检验资格。药品检验机构出具的检验结果不实，造成损失的，应当承担相应的赔偿责任。

2. 药品监督管理部门有下列行为之一的，应当撤销相关许可，对直接负责的主管人员和其他直接责任人员依法给予处分：①不符合条件而批准进行药物临床试验；②对不符合条件的药品颁发药品注册证书；③对不符合条件的单位颁发药品生产许可证、药品经营许可证或者医疗机构制剂许可证。

3. 县级以上地方人民政府有下列行为之一的，对直接负责的主管人员和其他直接责任人员给予记过或者记大过处分；情节严重的，给予降级、撤职或者开除处分：①瞒报、谎报、缓报、漏报药品安全事件；②未及时消除区域性重大药品安全隐患，造成本行政区域内发生特别重大药品安全事件，或者连续发生重大药品安全事件；③履行职责不力，造成严重不良影响或者重大损失。

4. 违反《药品管理法》规定，药品监督管理等部门有下列行为之一的，对直接负责的主管人员和其他直接责任人员给予记过或者记大过处分；情节较重的，给予降级或者撤职处分；情节严重的，给予开除处分：①瞒报、谎报、缓报、漏报药品安全事件；②对发现的药品安全违法行为未及时查处；③未及时发现药品安全系统性风险，或者未及时消除监督管理区域内药品安全隐患，造成严重影响；④其他不履行药品监督管理职责，造成严重不良影响或者重大损失。

5. 药品监督管理人员滥用职权、徇私舞弊、玩忽职守的，依法给予处分。

查处假药、劣药违法行为有失职、渎职行为的，对药品监督管理部门直接负责的主管人员和其他直接责任人员依法从重给予处分。

二、民事责任

根据《药品管理法》规定，药品的生产企业、经营企业、医疗机构违反《药品管理法》规定，给药品使用者造成损害的，依法承担赔偿责任；药品检验机构出具的检验结果不实，造成损失的，应当承担相应的赔偿责任。

三、刑事责任

违反《药品管理法》的规定，构成犯罪的，依法追究刑事责任。

答案解析

练习题

一、单项选择题

1. 开办药品批发企业，须经企业所在地省、自治区、直辖市人民政府药品监督管理部门批准并颁发（　　）

 A.《药品生产许可证》   B. 营业执照

 C.《药品经营许可证》   D.《药品使用许可证》

2. 以下按假药处理的是（　　）

 A. 擅自添加调味剂

 B. 未标明生产批号

 C. 药品所含成分与国家药品标准规定的成分不符

 D. 药品成分的含量不符合国家药品标准

3. 以下按劣药处理的是（　　）

 A. 超过有效期的药品

 B. 药品所含成分与国家药品标准规定成分不符

 C. 以非药品冒充药品或者以他种药品冒充此种药品

 D. 国务院药品监督管理部门规定禁止使用的药品

4. 医疗机构配制的制剂（　　）

 A. 可以发布医疗机构制剂广告   B. 不得发布医疗机构制剂广告

 C. 不得在市场上销售   D. 可以在市场上销售

5. 下列不属于特殊管理的药品是（　　）

 A. 麻醉药品   B. 生物制品

 C. 精神药品   D. 医疗用毒性药品

二、简答题

1. 简述药品的概念。

2. 简述从事药品经营活动具备的条件。

3. 简述药品监督管理部门的监督职责。

（朱　娟）

书网融合……

  本章小结   微课   题库

第八章　疾病预防与控制法律法规

PPT

学习目标

知识目标

1. 掌握传染病的分类、预防和控制；艾滋病预防与控制；职业病诊断与职业病患者保障措施；疫苗流通与接种及异常反应监测和处理。

2. 熟悉传染病的防治管理；传染病医疗救治和保障措施的法律规定；艾滋病的治疗与救助。

3. 了解传染病防治的监督责任与法律制度建设；违反疫苗管理规定的法律责任。

能力目标

能运用相关法律知识，进行传染病预防与控制的宣传教育，具备应对突发传染病的应急能力。

素质目标

通过学习疾病预防与控制的相关法律制度，树立较强的法律意识，自觉遵守传染病防治的法律法规，提高法治素养。

情境导入

情境：患者，男，39 岁。因严重腹泻来某市中心医院就诊，根据临床症状和检查结果，高度疑似为霍乱，正在等待实验室检查结果以确认诊断。

思考：如果该患者确诊为霍乱，医院应采取什么措施？

解析

　　疾病预防与控制有广义和狭义之分，广义的疾病预防与控制的范围比较广泛，即包括世界卫生组织提出的三种疾病，一是传染病、营养不良良性疾病和孕产期疾病，二是慢性非传染性疾病，三是伤害与职业病。实际工作中，人们所指的疾病的预防与控制主要是关于传染病的预防与控制，即狭义上的疾病预防与控制。目前我国已制定的关于疾病预防与控制法律制度有国境卫生检疫法律制度、传染病防治法律制度、职业病防治法律制度等。疾病预防与控制法律制度既是预防、医疗、保健机构和工作者及广大人民群众在疾病预防控制活动中必须遵循的法律规范，也是国家采取措施，预防、控制和消除疾病，不断增进人体健康的保证。

第一节　传染病防治管理法律制度

　　传染病是指由病原微生物引起的，可以在人与人、人与动物、动物与动物之间相互传播并造成流行，对人体健康和生命威胁巨大的一类疾病。它属常见、多发性疾病，在疾病的流行历史中曾猖獗流行，严重危害人类的身心健康和生命安全。为此我国制定并颁发了一系列传染病防治的法律、法规和规章。目前，我国已形成了以《中华人民共和国传染病防治法》（1989 年 2 月 21 日第七届全国人民代表大会常务委员会第六次会议通过，2004 年 8 月 28 日，第十届全国人民代表大会常务委员会第十一次会议修订，2013 年 6 月 29 日，第十二届全国人民代表大会常务委员会第三次会议修正）和《中华人民共和国传染病防治法实施办法》（1991 年 12 月 6 日起施行）为核心的传染病防治法律体系，为我国的传染病防治工作提供了法治保障。

一、概述

（一）传染病防治法的概念

传染病防治法是指调整预防、控制和消除传染病的发生与流行、保障人体健康和公共卫生活动中所产生的各种社会关系的法律规范的总和。

（二）传染病防治方针与原则

为了预防、控制和消除传染病的发生与流行，保障人体健康和公共卫生，《传染病防治法》规定：国家对传染病防治实行预防为主的方针，采取防治结合、分类管理、依靠科学、依靠群众的原则。预防为主不是不重视治疗而是要求有病治病，无病防病，立足于防。

1. 预防为主　坚持把预防作为传染病防控的首要环节。我国近年来对儿童实行的预防接种制度，大幅度降低了乙型肝炎、麻疹、病毒性脑炎、新生儿破伤风等传染病感染率，证明预防为主是防控传染病的有效措施。

2. 防治结合　在坚持预防为主方针的前提下，将预防措施和治疗措施结合起来，既可以保护患者生命健康，又可以加强对传染源的有效管理，起到良好的预防效果。

3. 分类管理　依据传染病的传播程度、社会危害等，将传染病分为不同种类，采取不同的预防、控制措施。将传染病科学分类，按类管理，有效防控传染病。

4. 依靠科学　尊重传染病的防控规律，以科学的态度和方法应对传染病。传染病的发生、传播、流行与控制等都是有一定规律的，现代医学已经对绝大多数传染病的规律有了认识，并通过科学的防控，达到传染病的可防可治。

5. 依靠群众　在传染病的防控方面要有人民群众的支持和配合。传染病的暴发、流行和传播都有群体性特点，因此任何传染病的防控都离不开人民群众的配合。

（三）传染病的法定分类管理

《传染病防治法》将全国发病率较高、流行面较大、危害较严重的急慢性传染病定为法定管理的传染病，并根据其对人类的危害程度、传播方式和速度及人群易感程度不同实行分类管理，分为甲、乙、丙三类，甲类 2 种，乙类 28 种，丙类 11 种，共 41 种。

1. 甲类传染病　鼠疫、霍乱。

2. 乙类传染病　传染性非典型肺炎、艾滋病、病毒性肝炎、脊髓灰质炎、人感染高致病性禽流感、麻疹、流行性出血热、狂犬病、流行性乙型脑炎、登革热、炭疽、细菌性和阿米巴性痢疾、肺结核、伤寒和副伤寒、流行性脑脊髓膜炎、百日咳、白喉、新生儿破伤风、猩红热、布鲁氏菌病、淋病、梅毒、钩端螺旋体病、血吸虫病、疟疾、人感染 H7N9 禽流感、新型冠状病毒感染、猴痘。

3. 丙类传染病　流行性感冒、流行性腮腺炎、风疹、急性出血性结膜炎、麻风病、流行性和地方性斑疹伤寒、黑热病、包虫病、丝虫病，除霍乱、细菌性和阿米巴性痢疾、伤寒和副伤寒以外的感染性腹泻病、手足口病。

国务院卫生健康主管部门根据传染病暴发、流行情况和危害程度，可以决定增加、减少或者调整乙类、丙类传染病病种并予以公布。对乙类传染病中传染性非典型肺炎、炭疽中的肺炭疽和人感染高致病性禽流感，采取《传染病防治法》所称甲类传染病的预防、控制措施。其他乙类传染病和突发原因不明的传染病需要采取《传染病防治法》所称甲类传染病的预防、控制措施的，由国务院卫生健康主管部门及时报经国务院批准后予以公布、实施。

省、自治区、直辖市人民政府对本行政区域内常见、多发的其他地方性传染病，可以根据情况决定按照乙类或者丙类传染病管理并予以公布，报国务院卫生健康主管部门备案。

 **知识链接**

国务院卫生健康主管部门对法定管理传染病作出调整

2008年5月2日，卫生部将手足口病列入丙类传染病进行管理。2013年10月28日，国家卫生计生委将人感染H7N9禽流感纳入法定乙类传染病；将甲型H1N1流感从乙类调整为丙类，并纳入现有流行性感冒进行管理；解除对人感染高致病性禽流感采取的传染病防治法规定的甲类传染病预防、控制措施。

2020年1月20日，国家卫生健康委员会（简称卫健委）将新型冠状病毒感染的肺炎纳入法定传染病乙类管理，并采取甲类传染病的预防、控制措施。

2022年12月26日，国家卫健委将新型冠状病毒肺炎更名为新型冠状病毒感染；2023年1月8日起，解除对新型冠状病毒感染采取的《中华人民共和国传染病防治法》规定的甲类传染病预防、控制措施；新型冠状病毒感染不再纳入《国境卫生检疫法》规定的检疫传染病管理。

2023年9月20日，国家卫健委将猴痘纳入法定传染病乙类管理，并采取乙类传染病的预防、控制措施。

二、传染病预防和控制

加强对传染病的预防，可以减少传染病的发生；传染病发生后，快速准确报告和发布疫情信息并采取积极的防治措施，有利于消除传染病的扩散和蔓延。

（一）传染病的预防

传染病预防是传染病管理工作中一项极其重要的措施。做好传染病的预防工作，防患于未然，就能减少、控制和消灭传染病的发生和流行。对此，传染病防治法规定必须做好下列各项工作。

1. 开展卫生健康教育，提高全民卫生健康意识 各级人民政府组织开展群众性卫生活动，进行预防传染病的健康教育，倡导文明健康的生活方式，提高公众对传染病的防治意识和应对能力。

2. 消除各种传染病媒介 各级人民政府农业、水利、林业行政部门按照职责分工负责指导和组织消除农田、湖区、河流、牧场、林区的鼠害与血吸虫危害，以及其他传播传染病的动物和病媒生物的危害。铁路、交通、民用航空行政部门负责组织消除交通工具以及相关场所的鼠害和蚊、蝇等病媒生物的危害。

3. 加强管理和改善公共卫生状况 地方各级人民政府应当有计划地建设和改造公共卫生设施，改善饮用水卫生条件，对污水、污物、粪便进行无害化处置。

4. 做好计划免疫工作 实行有计划的预防接种制度，国务院卫生健康主管部门和省、自治区、直辖市人民政府卫生健康主管部门，根据传染病预防、控制的需要，制定传染病预防接种规划并组织实施。用于预防接种的疫苗必须符合国家质量标准。对儿童实行预防接种证制度。

5. 建立传染病监测预警制度 国务院卫生健康主管部门制定国家传染病监测制度、预警制度，对传染病的发生、流行，以及影响其发生、流行的因素，进行监测；对国外发生、国内尚未发生的传染病或者国内新发生的传染病，进行监测，及时发出预警，根据情况予以公布。

6. 严格遵守各项卫生制度 医疗保健机构要严格执行消毒隔离制度，防止医院内感染和医源性感染。卫生防疫机构和从事致病性微生物实验的教学、科研、生产单位必须建立健全防止致病性微生物扩散的制度和人体保护措施。对传染病菌（毒）种的保藏、携带、运输和供应实行严格管理。传染病患者、病原携带者和疑似传染病患者，在治愈或者排除传染病前，不得从事国务院卫生健康主管部门规定禁止从事的易使该传染病扩散的工作。从事饮水、饮食、美容、保育等易使传染病扩散工作的从业人员，必须按照国家有关规定取得健康合格证后方可上岗。要加强对血液、血液制品、卫生用品、卫生材料、一次性医疗器材、隐形眼镜、人造器官等的管理。

（二）传染病的控制

1. 医疗机构采取的控制措施 医疗机构发现甲类传染病时，应当及时采取下列措施：①对患者、病原携带者，予以隔离治疗，隔离期限根据医学检查结果确定；②对疑似患者，确诊前在指定场所单独隔离治疗；③对医疗机构内的患者、病原携带者、疑似患者的密切接触者，在指定场所进行医学观察和采取其他必要的预防措施。

发现乙类或者丙类传染病患者，应当根据病情采取必要的治疗和控制传播措施。医疗机构对本单位内被传染病病原体污染的场所、物品以及医疗废物，必须依照法律、法规的规定实施消毒和无害化处置。

2. 疾病预防控制机构采取的措施 ①对传染病疫情进行流行病学调查，根据调查情况提出划定疫点、疫区的建议，对被污染的场所进行卫生处理，对密切接触者，在指定场所进行医学观察和采取其他必要的预防措施，并向卫生健康主管部门提出疫情控制方案；②传染病暴发、流行时，对疫点、疫区进行卫生处理，向卫生健康主管部门提出疫情控制方案，并按照卫生健康主管部门的要求采取措施；③指导下级疾病预防控制机构实施传染病预防、控制措施，组织、指导有关单位对传染病疫情的处理。

3. 政府部门采取的控制措施

（1）隔离措施 对已经发生甲类传染病病例的场所或者该场所内的特定区域的人员，所在地的县级以上地方人民政府可以实施隔离措施，并同时向上一级人民政府报告；接到报告的上级人民政府应当及时作出是否批准的决定。

（2）紧急控制措施 传染病暴发、流行时，县级以上地方人民政府应当立即组织力量，按照预防、控制预案进行防治，切断传染病的传播途径，必要时，报经上一级人民政府决定，可以采取下列紧急措施并予以公告：①限制或者停止集市、影剧院演出或者其他人群聚集的活动；②停工、停业、停课；③封闭或者封存被传染病病原体污染的公共饮用水源、食品以及相关物品；④控制或者扑杀染疫野生动物、家畜家禽；⑤封闭可能造成传染病扩散的场所。

4. 其他有关部门采取的控制措施

（1）保障物资供给 传染病暴发、流行时，药品和医疗器械生产、供应单位应当及时生产、供应防治传染病的药品和医疗器械。铁路、交通、民用航空经营单位必须优先运送处理传染病疫情的人员以及防治传染病的药品和医疗器械。

（2）尸体处理 患甲类传染病、炭疽死亡的，应当将尸体立即进行卫生处理，就近火化。患其他传染病死亡的，必要时，应当将尸体进行卫生处理后火化或者按照规定深埋；为了查找传染病病因，医疗机构在必要时可以按照国务院卫生健康主管部门的规定，对传染病患者尸体或者疑似传染病患者尸体进行解剖查验，并应当告知死者家属。

三、传染病的防治管理

1. 各级人民政府的职责 县级以上人民政府应当加强和完善传染病医疗救治服务网络的建设，指定具备传染病救治条件和能力的医疗机构承担传染病救治任务，或者根据传染病救治需要设置传染病医院。

2. 医疗机构的职责　医疗机构应当对传染病患者或者疑似传染病患者提供医疗救护、现场救援和接诊治疗，书写病历记录以及其他有关资料，并妥善保管。医疗机构应当实行传染病预检、分诊制度；对传染病患者、疑似传染病患者，应当引导至相对隔离的分诊点进行初诊。医疗机构不具备相应救治能力的，应当将患者及其病历记录复印件一并转至具备相应救治能力的医疗机构。具体办法由国务院卫生健康主管部门规定。

四、常见传染病防治的法律规定

我国对结核病、性病、传染性非典型肺炎、人感染高致病性禽流感、甲型 H1N1 流等传染病制定了专门的法规，用以加强对这类传染病的防治与管理。

（一）结核病的防治法律制度

结核病，是由结核杆菌引起的一种慢性传染病。结核杆菌可以侵害人体的各种器官，以肺结核最多见。历史上，结核病曾在全世界广泛流行过，是危害人类的主要杀手，曾经夺去了数亿人的生命。世界卫生组织于 1993 年宣布"全球结核病紧急状态"，并且呼吁"采取迅速行动与结核病危机作斗争"，确定每年 3 月 24 日为"世界防治结核病日"。

我国党和政府重视结核病预防、控制工作。根据结核病控制工作的历史和现状，从 1981 年起，国务院有关部门相继制定与实施了三个全国结核病防治十年规划。1984 年 2 月 20 日，卫生部发布《关于加强全国结核病防治工作的通知》；1991 年 9 月，卫生部发布了《结核病防治管理办法》；卫生部、国家计委、财政部于 2001 年 10 月 10 日发布了《全国结核病防治规划（2001—2010 年）》等有关结核病防治的法规、规章。《结核病防治管理办法》经 2013 年 1 月 9 日经卫生部部务会审议通过，2013 年 2 月 20 日中华人民共和国卫生部令第 92 号公布。自 2013 年 3 月 24 日起施行。

1. 结核病管理机构　国家卫生健康委员会负责全国结核病防治及监督管理工作，县级以上地方卫生健康主管部门负责本辖区内的结核病防治及其监督管理工作。

2. 预防接种控制　开展对公众结核病防治知识的健康教育和宣传；规定对适龄儿童规范开展卡介苗预防接种工作；要求医疗卫生机构在对重点人群进行健康体检和预防性健康检查时，做好肺结核的筛查工作；规定医疗卫生机构和结核病实验室及相关工作人员，应当遵守相关规定，采取措施防止医源性感染和传播；明确了肺结核疫情构成突发公共卫生事件时，应当采取的控制措施。

3. 肺结核患者发现、报告与登记　一是要求各级各类医疗机构对肺结核可疑症状者及时进行检查，对发现的确诊和疑似肺结核患者按规定进行疫情报告和转诊。二是基层医疗卫生机构协助县级疾病预防控制机构对转诊未到位的结核病患者或疑似患者进行追踪；三是结核病定点医疗机构对肺结核患者进行诊断、治疗和管理登记，对传染性肺结核患者的密切接触者进行结核病筛查；四是结核病疫情的报告、通报和公布依照《传染病防治法》的有关规定执行。

4. 肺结核患者治疗与管理　明确结核病定点医疗机构应当为肺结核患者制定合理的治疗方案，提供规范化的治疗服务。设区的市级以上结核病定点医疗机构为耐多药肺结核患者制订治疗方案，并规范提供治疗；要求疾病预防控制机构应当及时掌握肺结核患者的相关信息，督促辖区内医疗卫生机构落实肺结核患者的治疗和管理工作；明确卫生健康主管部门指定的医疗机构应当按照有关工作规范对结核菌/艾滋病病毒双重感染患者进行抗结核和抗艾滋病病毒治疗、随访复查和管理；对流动人口肺结核患者实行属地化管理，提供与当地居民同样的诊疗服务。

（二）性病的防治法律制度

性病是指以性行为作为主要传播途径的一组传染病。为预防、控制性病的传播流行，保护人体健康，根据《中华人民共和国传染病防治法》（以下简称《传染病防治法》）和《艾滋病防治条例》有关规定，制定《性病防治管理办法》，进一步明确国家对性病防治实行"预防为主，防治结合"的方针，遵循依法防治、科学管理、分级负责、专业指导、部门合作、社会参与的原则，积极开展性疾病防治工作。

1. 性病防治机构及其职责　卫生健康主管部门应当根据当地性病防治工作需求，指定承担性病防治任务的疾病预防控制机构，合理规划开展性病诊疗业务的医疗机构。

2. 性病的预防和控制　①各级疾病预防控制机构应当通过多种形式在有易感染性病危险行为的人群集中的场所宣传性病防治知识，倡导安全性行为，鼓励有易感染性病危险行为的人群定期到具备性病诊疗资质的医疗机构进行性病检查；开展性病诊疗业务的医疗机构应当为性病就诊者提供性病和生殖健康教育、咨询检测以及其他疾病的转诊服务。②基层医疗卫生机构和开展性病防治工作的社会组织，应当在当地卫生健康主管部门的统一规划和疾病预防控制机构的指导下，对有易感染性病危险行为的人群开展性病、生殖健康知识宣传和行为干预，提供咨询等服务；开展妇幼保健和助产服务的医疗机构应当对孕产妇进行梅毒筛查检测、咨询、必要的诊疗或者转诊服务，预防先天梅毒的发生；性病患者应当采取必要的防护措施，防止感染他人，不得以任何方式故意传播性病；性病流行严重的地区，卫生健康主管部门可以根据当地情况，对特定人群采取普查普治的防治措施。

3. 性病的监测和报告　①中国疾病预防控制中心制定全国性病监测方案。省级疾病预防控制机构根据全国性病监测方案和本地性病疫情，制定本行政区域的性病监测实施方案；组织开展性病监测和专题调查，了解不同人群性病发病特点和流行趋势。开展性病诊疗业务的医疗机构是性病疫情责任报告单位，开展性病诊疗的医务人员是性病疫情责任报告人；②开展性病诊疗业务的医疗机构应当结合流行病学史、临床表现和实验室检验结果等做出诊断，按照规定进行疫情报告，不得隐瞒、谎报、缓报疫情；各级卫生健康主管部门负责本行政区域内性病疫情报告网络建设，为网络的正常运行提供必要的保障条件；疾病预防控制机构负责本行政区域内性病疫情信息报告的业务管理和技术指导工作，对性病疫情信息进行收集、核实、分析、报告和反馈，预测疫情趋势，对疫情信息报告质量进行检查。

五、传染病防治的监督

（一）传染病防治监督管理机关及其职责

1. 监督管理机关　执行传染病防治监督管理工作职权的机关是各级卫生健康主管部门和受国务院卫生健康主管部门委托的其他卫生健康主管机构。

2. 监督管理机关的职责　各级政府卫生健康主管部门对传染病防治工作的监督管理职责：①对下级人民政府卫生健康主管部门履行传染病防治职责进行监督检查；②对疾病预防控制机构、医疗机构的传染病防治工作进行监督检查；③对采供血机构的采供血活动进行监督检查；④对用于传染病防治的消毒产品及其生产单位进行监督检查，并对饮用水供水单位从事生产或者供应活动以及涉及饮用水卫生安全的产品进行监督检查；⑤对传染病菌种、毒种和传染病检测样本的采集、保藏、携带、运输、使用进行监督检查；⑥对公共场所和有关单位的卫生条件和传染病预防、控制措施进行监督检查。

3. 监督管理机关的权力

（1）现场调查的权力　省级以上人民政府卫生健康主管部门负责组织对传染病防治重大事项的处理。县级以上人民政府卫生健康主管部门在履行监督检查职责时，有权进入被检查单位和传染病疫情发生现场调查取证，查阅或者复制有关的资料和采集样本，被检查单位应当予以配合，不得拒绝、阻挠。

（2）采取措施的权力　发现被传染病病原体污染的公共饮用水源、食品以及相关物品，如不及时采取控制措施可能导致传染病传播流行的，可以采取封闭公共饮用水源、封存食品以及相关物品或者暂停销售的临时控制措施，并予以检验或者进行消毒。经检验，属于被污染的食品，应当予以销毁；对未被污染的食品或者经消毒后可以使用的物品，应当解除控制措施。

（二）传染病管理监督员及其职责

1. 传染病管理监督员的设立　各级人民政府卫生健康主管部门和受国务院卫生健康主管部门委托的其他有关部门卫生健康主管机构以及各级各类疾病预防控制机构内设立传染病管理监督员。传染病管理监督员由省级以上政府的卫生健康主管部门聘任并发给证书。省级政府卫生健康主管部门聘任的传染病管理监督员，报国务院卫生健康主管部门备案。

2. 传染病管理监督员的职责　传染病管理监督员的职责：①检查、监督、指导《中华人民共和国传染病防治法》及《中华人民共和国传染病防治法实施办法》的执行情况；②进行现场调查，包括采集必需的标本及查阅、索取、翻印复制必要的文字、图片、声像资料等，并根据调查情况写出书面报告；③对违法单位或者个人提出处罚建议；④执行卫生健康主管部门或者其他有关部门卫生健康主管机构交付的任务；⑤及时提出预防和控制传染病措施的建议。

（三）传染病管理检查员及其职责

1. 传染病管理检查员的设立　各级各类医疗保健机构内设立的传染病管理检查员，由本单位推荐，经县级以上政府卫生健康主管部门或受国务院卫生健康主管部门委托的其他部门卫生主管机构批准并发给证件。

2. 传染病管理检查员的职责　传染病管理检查员的职责：①宣传《中华人民共和国传染病防治法》《中华人民共和国传染病防治法实施办法》，检查本单位和责任地段的传染病防治措施的实施和疫情报告执行情况，并对传染病防治工作进行技术指导；②执行卫生健康主管部门和疾病预防控制机构对本单位及责任地段提出的改进传染病防治管理工作意见；③定期向卫生健康主管部门指定的疾病预防控制机构汇报工作情况，遇到紧急情况及时报告。

第二节　艾滋病防治法律制度

一、概述

艾滋病（AIDS）是一种危害性极大的传染病，由感染艾滋病病毒（HIV）引起，HIV 是一种能攻击人体免疫系统的病毒。它把人体免疫系统中最重要的 $CD4^+T$ 淋巴细胞作为主要攻击目标，大量破坏该细胞，使人体丧失免疫功能。因此，人体易于感染各种疾病，并发生恶性肿瘤，病死率较高。

艾滋病对人类生存与发展威胁较大。我国政府高度重视和关心艾滋病的防治工作，制定了《艾滋病防治条例》，使艾滋病防治工作走上了法治化道路。

二、艾滋病预防与控制

国家建立健全艾滋病监测网络。国家实行艾滋病自愿咨询和自愿检测制度，县级以上地方人民政府卫生健康主管部门指定的医疗卫生机构，应当为自愿接受艾滋病咨询、检测的人员免费提供咨询和初筛检测。有关组织和个人对有易感染艾滋病病毒危险行为的人群实施行为干预措施。

医疗机构应当对因应急用血而临时采集的血液进行艾滋病检测；血站、单采血浆站应当对采集的人体血液、血浆进行艾滋病检测；采集或者使用人体组织、器官、细胞、骨髓等的，应当进行艾滋病检测。

三、艾滋病的治疗与救治

艾滋病防治关怀、救助措施：①向农村艾滋病患者和城镇经济困难的艾滋病患者免费提供抗艾滋病病毒治疗药品；②对农村和城镇经济困难的艾滋病病毒感染者、艾滋病患者适当减免抗机会性感染治疗药品的费用；③向接受艾滋病咨询、检测的人员免费提供咨询和初筛检测；④向感染艾滋病病毒的孕产妇免费提供预防艾滋病母婴传播的治疗和咨询。

生活困难救助及就业指导：对生活困难并符合社会救助条件的艾滋病病毒感染者、艾滋病患者及其家属给予生活救助，创造条件扶持有劳动能力的艾滋病病毒感染者和艾滋病患者从事力所能及的生产和工作。

未成年人救助生活困难的艾滋病患者：遗留的孤儿和感染艾滋病病毒的未成年人接受义务教育的，应当免收杂费、书本费；接受学前教育和高中阶段教育的，应当减免学费等相关费用。

知识链接

世界艾滋病日

12月1日是世界艾滋病日，"该日"旨在提高公众对HIV病毒引起的艾滋病在全球传播的意识。定为12月1日是因为第一个艾滋病病例是在1981年此日诊断出来的，并于1988年由全球卫生部大臣在关于艾滋病预防计划的高峰会议上提出。从此，这个概念被全球各国政府、国际组织和慈善机构采纳。世界艾滋病日的标志是红绸带。

1997年联合国艾滋病规划署将"世界艾滋病日"更名为"世界艾滋病防治宣传运动"，使艾滋病防治宣传贯穿全年。

四、艾滋病的保障措施

县级以上人民政府应当将艾滋病防治工作纳入国民经济和社会发展规划，加强和完善艾滋病预防、检测、控制、治疗和救助服务网络的建设，建立健全艾滋病防治专业队伍；按照本级政府的职责，负责艾滋病预防、控制、监督工作所需经费并根据艾滋病防治工作需要和艾滋病流行趋势，储备抗艾滋病病毒治疗药品、检测试剂和其他物资；国务院卫生健康主管部门会同国务院其他有关部门，根据艾滋病流行趋势，确定全国与艾滋病防治相关的宣传、培训、监测、检测、流行病学调查、医疗救治、应急处置以及监督检查等项目。中央财政对在艾滋病流行严重地区和贫困地区实施的艾滋病防治重大项目给予补助；地方各级人民政府应当制定扶持措施，为有关组织和个人开展艾滋病防治活动提供必要的资金支持和便利条件。

五、法律责任

地方各级人民政府未依照《艾滋病防治条例》规定履行组织、领导、保障艾滋病防治工作职责，或者未采取艾滋病防治和救助措施的，由上级人民政府责令改正，通报批评；造成艾滋病传播、流行或者其他严重后果的，对负有责任的主管人员依法给予行政处分；构成犯罪的，依法追究刑事责任。

血站、单采血浆站违反本条例规定，有下列情形之一，构成犯罪的，依法追究刑事责任；尚不构成犯罪的，由县级以上人民政府卫生健康主管部门依照献血法和《血液制品管理条例》的规定予以处罚；造成艾滋病传播、流行或者其他严重后果的，对负有责任的主管人员和其他直接责任人员依法给予降级、撤职、开除的处分，并可以依法吊销血站、单采血浆站的执业许可证：①对采集的人体血液、血浆未进行艾滋病检测，或者发现艾滋病检测阳性的人体血液、血浆仍然采集的；②将未经艾滋病检测的人体血液、血浆，或者艾滋病检测阳性的人体血液、血浆供应给医疗机构和血液制品生产单位的。

艾滋病病毒感染者或者艾滋病患者故意传播艾滋病的，依法承担民事赔偿责任；构成犯罪的，依法追究刑事责任。

第三节　职业病防治法律法规制度

为了预防、控制和消除职业病危害，防治职业病，保护劳动者健康及其相关权益，促进经济社会发展，《中华人民共和国职业病防治法》于 2001 年 10 月 27 日第九届全国人民代表大会常务委员会第二十四次会议通过，2002 年 5 月 1 日起实施，2011 年 12 月 31 日第十一届全国人民代表大会常务委员会第二十四次会议第一次修正，2016 年 7 月 2 日第十二届全国人民代表大会常务委员会第二十一次会议第二次修正，2017 年 11 月 4 日第十二届全国人民代表大会常务委员会第三十次会议第三次修正，2018 年 12 月 29 日第十三届全国人民代表大会常务委员会第七次会议第四次修正。制定和完善职业病防治法律制度，既是预防、控制和消除职业危害，避免减少职业病发生，更好地保护劳动者健康及相关权益，促进经济社会发展的有力保障，同时也是坚持依法治国，建设社会主义法治国家的必然要求。

一、概述

（一）职业病的概念

职业病，是指企业、事业单位和个体经济组织等用人单位的劳动者在职业活动中，因接触粉尘、放射性物质和其他有毒、有害物质等因素而引起的疾病。各国法律都有对于职业病预防方面的规定，一般来说，凡是符合《中华人民共和国职业病防治法》规定的疾病才能称为职业病。

（二）职业病防治法的概念

职业病防治法，是在调整预防、控制和消除职业病，保护劳动者健康及其相关权益活动中产生的各种社会关系的法律规范的总和，狭义的职业病防治法仅指《职业病防治法》，广义的职业病防治法除《职业病防治法》外，还包括与职业病防治有关的规范性文件。

（三）职业病防治的方针和原则

鉴于职业病防治的特点和复杂性，我国职业病防治工作坚持预防为主、防治结合的方针，实行分类管理、综合治理。国家鼓励研制、开发推广、应用有利于职业病防治和保护劳动者健康的新技术、新工艺、新材料，加强对职业病的机制和发生规律的基础研究，提高职业病防治科学技术水平。

二、职业病诊断与职业病患者保障

（一）职业病的诊断

1. 职业病的诊断机构　职业病的诊断应当由取得《医疗机构执业许可证》的医疗卫生机构承担；劳动者可以在用人单位所在地、本人户籍所在地或者经常居住地依法承担职业病诊断的医疗卫生机构进行职业病诊断。

2. 职业病的诊断依据　职业病的诊断，应当综合分析下列因素：①患者的职业史；②职业病危害接触史和工作场所职业病危害因素情况；③临床表现以及辅助检查结果等。没有证据否定职业病危害因素与患者临床表现之间的必然联系的，应当诊断为职业病。

3. 职业病诊断异议　当事人对职业病诊断有异议的，可以向作出诊断的医疗卫生机构所在地地方人民政府卫生健康主管部门申请鉴定；职业病诊断争议由设区的市级以上地方人民政府卫生健康主管部门根据当事人的申请，组织职业病诊断鉴定委员会进行鉴定；当事人对设区的市级职业病诊断鉴定委员会的鉴定结论不服的，可以向省、自治区、直辖市人民政府卫生健康主管部门申请再鉴定。

（二）职业病患者保障

1. 职业病患者待遇　用人单位应当保障职业病患者依法享受国家规定的职业病待遇；用人单位应当按照国家有关规定，安排职业病患者进行治疗、康复和定期检查；对不适宜继续从事原工作的职业病患者，应当调离原岗位，并妥善安置；对从事接触职业病危害的作业的劳动者，应当给予适当岗位津贴；职业病患者的诊疗、康复费用，伤残以及丧失劳动能力的职业病患者的社会保障，按照国家有关工伤保险的规定执行；劳动者被诊断患有职业病，但用人单位没有依法参加工伤保险的，其医疗和生活保障由该用人单位承担；职业病患者变动工作单位，其依法享有的待遇不变。

2. 民事赔偿的规定　职业病患者除依法享有工伤保险外，依照有关民事法律，尚有获得赔偿的权利的，有权向用人单位提出赔偿要求。

三、监督检查

（一）职业病监督机构

县级以上人民政府职业卫生监督管理部门依照职业病防治法律、法规、国家职业卫生标准和卫生要求，依据职责划分，对职业病防治工作进行监督检查。

（二）职业病监督机构职责

1. 卫生健康主管部门履行监督检查职责时，有权采取下列措施：①进入被检查单位和职业病危害现场，了解情况，调查取证；②查阅或者复制与违反职业病防治法律、法规的行为有关的资料和采集样品；③责令违反职业病防治法律、法规的单位和个人停止违法行为。

2. 发生职业病危害事故或者有证据证明危害状态可能导致职业病危害事故发生时，卫生健康主管部门可以采取下列临时控制措施：①责令暂停导致职业病危害事故的作业；②封存造成职业病危害事故或者可能导致职业病危害事故发生的材料和设备；③组织控制职业病危害事故现场。在职业病危害事故或者危害状态得到有效控制后，卫生健康主管部门应当及时解除控制措施。

四、法律责任

《职业病防治法》根据不同主体的不同违法行为规定了各自应承担的法律责任，主要包括行政责任、民事责任和刑事责任。

（一）行政责任

对于建设单位和用人单位，有关负责人和其他有关人员，《职业病防治法》根据情节及后果轻重，处以警告、责令限期改正、罚款、取消资格、停建、关闭及行政处分等处罚。

（二）民事责任

职业病患者除依法享有工伤保险外，依照有关民事法律，尚有获得赔偿的权利的，有权向用人单位提出赔偿要求。

（三）刑事责任

用人单位违反《职业病防治法》规定，造成重大职业病危害事故或者其他严重后果，构成犯罪的，对直接负责的主管人员和其他直接责任人员，依法追究刑事责任。

从事职业卫生技术服务的机构和承担职业病诊断的医疗卫生机构违反《职业病防治法》规定，超出资质认可或者诊疗项目登记范围从事职业卫生技术服务或者职业病诊断的、不按照《职业病防治法》规定履行法定职责的或出具虚假证明文件的，情节严重构成犯罪的，依法追究刑事责任。

卫生健康主管部门及其职业卫生监督执法人员，滥用职权、玩忽职守，导致职业病危害事故发生，构成犯罪的，依法追究刑事责任。

第四节　疫苗管理法律制度

为了加强疫苗管理，保证疫苗质量和供应，规范预防接种，促进疫苗行业发展，保障公众健康，维护公共卫生安全，《中华人民共和国疫苗管理法》已由中华人民共和国第十三届全国人民代表大会常务委员会第十一次会议于 2019 年 6 月 29 日通过，自 2019 年 12 月 1 日起施行。

一、概述

（一）疫苗的概念与分类

疫苗，是指为预防、控制疾病的发生、流行，用于人体免疫接种的预防性生物制品，包括免疫规划疫苗和非免疫规划疫苗。

免疫规划疫苗是指居民应当按照政府的规定接种的疫苗，包括国家免疫规划确定的疫苗，省、自治区、直辖市人民政府在执行国家免疫规划时增加的疫苗，以及县级以上人民政府或者其卫生健康主管部门组织的应急接种或者群体性预防接种所使用的疫苗。目前，免疫规划疫苗包括卡介苗、乙肝疫苗、脊灰疫苗、百白破三联疫苗、麻腮风疫苗、乙脑疫苗等 14 种。

非免疫规划疫苗是指由居民自愿接种的其他疫苗，包括水痘疫苗、轮状病毒疫苗、流感疫苗、肝炎疫苗等。非免疫规划疫苗按照知情自愿接种的原则，由受种者或其监护人知情自愿接种。

（二）疫苗的管理原则

国家对疫苗实行最严格的管理制度，坚持安全第一、风险管理、全程管控、科学监管、社会共治。

（三）免疫规划制度

国家实行免疫规划制度。居住在中国境内的居民，依法享有接种免疫规划疫苗的权利，履行接种免疫规划疫苗的义务。政府免费向居民提供免疫规划疫苗。县级以上人民政府及其有关部门应当保障适龄儿童接种免疫规划疫苗。监护人应当依法保证适龄儿童按时接种免疫规划疫苗。

二、疫苗流通与接种

（一）疫苗的流通

国家免疫规划疫苗由国务院卫生健康主管部门会同国务院财政部门等组织集中招标或者统一谈判，形成并公布中标价格或者成交价格，各省、自治区、直辖市实行统一采购。

国家免疫规划疫苗以外的其他免疫规划疫苗、非免疫规划疫苗由各省、自治区、直辖市通过省级公共资源交易平台组织采购。

疫苗在储存、运输全过程中应当处于规定的温度环境，冷链储存、运输应当符合要求，并定时监测、记录温度。

（二）疫苗的接种

1. 接种单位及要求 疫苗接种单位应当具备下列条件：①取得医疗机构执业许可证；②具有经过县级人民政府卫生健康主管部门组织的预防接种专业培训并考核合格的医师、护士或者乡村医生；③具有符合疫苗储存、运输管理规范的冷藏设施、设备和冷藏保管制度。

2. 预防接种要求 医疗卫生人员实施接种，应当告知受种者或者其监护人所接种疫苗的品种、作用、禁忌、不良反应以及现场留观等注意事项，询问受种者的健康状况以及是否有接种禁忌等情况，并如实记录告知和询问情况。受种者或者其监护人应当如实提供受种者的健康状况和接种禁忌等情况。有接种禁忌不能接种的，医疗卫生人员应当向受种者或者其监护人提出医学建议，并如实记录提出医学建议情况。

医疗卫生人员应当对符合接种条件的受种者实施接种。受种者在现场留观期间出现不良反应的，医疗卫生人员应当按照预防接种工作规范的要求，及时采取救治等措施。

3. 预防接种费用 接种单位接种免疫规划疫苗不得收取任何费用。接种单位接种非免疫规划疫苗，除收取疫苗费用外，还可以收取接种服务费。

三、异常反应监测和处理

（一）异常反应监测

预防接种异常反应是指合格的疫苗在实施规范接种过程中或者实施规范接种后造成受种者机体组织器官、功能损害，相关各方均无过错的药品不良反应。

下列情形不属于预防接种异常反应：①因疫苗本身特性引起的接种后一般反应；②因疫苗质量问题给受种者造成的损害；③因接种单位违反预防接种工作规范、免疫程序、疫苗使用指导原则、接种方案给受种者造成的损害；④受种者在接种时正处于某种疾病的潜伏期或者前驱期，接种后偶合发病；⑤受种者有疫苗说明书规定的接种禁忌，在接种前受种者或者其监护人未如实提供受种者的健康状况和接种禁忌等情况，接种后受种者原有疾病急性复发或者病情加重；⑥因心理因素发生的个体或者群体的心因性反应。

（二）异常反应处理

接种单位、医疗机构等发现疑似预防接种异常反应的，应当按照规定向疾病预防控制机构报告。疫苗上市许可持有人应当设立专门机构，配备专职人员，主动收集、跟踪分析疑似预防接种异常反应，及时采取风险控制措施，将疑似预防接种异常反应向疾病预防控制机构报告，将质量分析报告提交省、自治区、直辖市人民政府药品监督管理部门。

对疑似预防接种异常反应，疾病预防控制机构应当按照规定及时报告，组织调查、诊断，并将调查、诊断结论告知受种者或者其监护人。对调查、诊断结论有争议的，可以根据国务院卫生健康主管部门制定的鉴定办法申请鉴定。

国家实行预防接种异常反应补偿制度。实施接种过程中或者实施接种后出现受种者死亡、严重残疾、器官组织损伤等损害，属于预防接种异常反应或者不能排除的，应当给予补偿。预防接种异常反应补偿应当及时、便民、合理。

四、法律责任

违反《中华人民共和国疫苗管理法》的规定，疾病预防控制机构、接种单位有下列情形之一的，由县级以上人民政府卫生健康主管部门依法处理：①未按照规定供应、接收、采购疫苗；②接种疫苗未遵守预防接种工作规范、免疫程序、疫苗使用指导原则、接种方案；③擅自进行群体性预防接种；④未按照规定提供追溯信息；⑤接收或者购进疫苗时未按照规定索取并保存相关证明文件、温度监测记录；⑥未按照规定建立并保存疫苗接收、购进、储存、配送、供应、接种、处置记录；⑦未按照规定告知、询问受种者或者其监护人有关情况；⑧未按照规定报告疑似预防接种异常反应、疫苗安全事件等，或者未按照规定对疑似预防接种异常反应组织调查、诊断等的；⑨违规收取费用的。

第五节　国境卫生检疫法律制度

为了防止传染病由国外传入或者由国内传出，保护人体健康，在总结新中国成立以来国境卫生检疫工作的经验基础上，参照《国际卫生条例》和国际惯例，国家制定了《中华人民共和国国境卫生检疫法》，并于 1986 年 12 月 2 日第六届全国人民代表大会常务委员会第十八次会议通过，1987 年 5 月 1 日起施行，2007 年 12 月 29 日第十届全国人民代表大会常务委员会第三十一次会议第一次修正，2009 年 8 月 27 日第十一届全国人民代表大会常务委员会第十次会议《关于修改部分法律的决定》第二次修正，2018 年 4 月 27 日第十三届全国人民代表大会常务委员会第二次会议第三次修正。根据《国境卫生检疫法》的规定，《国境卫生检疫法实施细则》于 1989 年 3 月 6 日由卫生部令第 2 号公布并施行，2010 年 4 月 24 日《国务院关于修改〈中华人民共和国国境卫生检疫法实施细则〉的决定》第一次修订，2016 年 2 月 6 日《国务院关于修改部分行政法规的决定》第二次修订，2019 年 3 月 2 日《国务院关于修改部分行政法规的决定》第三次修订。《国境卫生检疫法》与《国境卫生检疫法实施细则》和其他有关行政法规、部门规章，形成了我国比较完善的国境卫生检疫法律制度。

一、概述

国境卫生检疫是指国家国境卫生检疫机关为了防止传染病由国外传入或者由国内传出，通过国家设在国境口岸的卫生检疫机关，依照国境卫生检疫的法律规范，在国境口岸、关口对出入境人员、交通工具、运输设备以及可能传播传染病的行李、货物、邮包等物品实施卫生检疫查验、疾病监测、卫生监督和卫生处理的卫生行政执法行为。

国境卫生检疫法律有广义与狭义之分。广义的国境卫生检疫法律是指由国家制定或其主管部门颁布的，由国家强制力保证实施的，通过对出入境检验检疫机关及其行政管理相对人规定权利义务来调整国境卫生检疫行政法律关系的法律规范的总称。狭义国境卫生检疫法律仅指《中华人民共和国国境卫生检疫法》及其实施细则。

二、国境卫生检疫

（一）国境卫生检疫的对象及分类

国境卫生检疫的对象入境、出境的人员、交通工具、运输设备以及可能传播检疫传染病的行李、货物、邮包等物品。

国境卫生检疫根据口岸类型的不同，可分为海港检疫、航空检疫和陆地边境检疫三种；按检疫性质的不同，可分为入境和出境检疫、传染病监测和卫生监督三种。

（二）国境卫生检疫机关及其职责

国务院卫生健康主管部门主管全国国境卫生检疫工作。卫生检疫机关的职责如下。

1. 执行《国境卫生检疫法》及其实施细则和国家有关卫生法规。

2. 及时收集、整理、报告国际和国境口岸传染病的发生、流行和终息情况。

3. 对国境口岸的卫生状况实施卫生监督，对入境、出境的交通工具、人员、集装箱、尸体、骸骨以及可能传播检疫传染病的行李、货物、邮件等实施检疫查验、传染病监测、卫生监督和卫生处理。

4. 对入境、出境的微生物、生物制品、人体组织、血液及其制品等特殊物品以及能传播人类传染病的动物实施卫生检疫。

5. 对入境、出境人员进行预防接种、健康检查、医疗服务、国际旅行健康咨询和卫生宣传。

6. 签发卫生检疫证件。

7. 进行流行病学调查研究，开展科学实验。

8. 执行海关总署、国务院卫生健康主管部门指定的其他工作。

（三）国境卫生检疫的传染病

《国境卫生检疫法》中规定的传染病是指检疫传染病和监测传染病。其中检疫传染病，是指鼠疫、霍乱、黄热病以及国务院确定和公布的其他传染病；监测传染病主要有流感、疟疾、脊髓灰质炎、登革热、斑疹伤寒、回归热等由国务院卫生健康主管部门确定和公布的传染病。

三、传染病监测及卫生处理

（一）传染病监测

国境卫生检疫机关对入境、出境的人员实施传染病监测，并且采取必要的预防、控制措施。国境卫生检疫机关有权要求入境、出境的人员填写健康申明卡，出示某种传染病的预防接种证书、健康证明或者其他有关证件。

对患有监测传染病的人、来自国外监测传染病流行区的人或者与监测传染病人密切接触的人，国境卫生检疫机关应当区别情况，发给就诊方便卡，实施留验或者采取其他预防、控制措施，并及时通知当地卫生健康主管部门。各地医疗单位对持有就诊方便卡的人员，应当优先诊治。

（二）卫生处理

入境、出境的集装箱、行李、货物、邮包等物品需要卫生处理的，由卫生检疫机关实施。

入境、出境的交通工具有下列情形之一的，应当由卫生检疫机关实施消毒、除鼠、除虫或者其他卫生处理：①来自检疫传染病疫区的；②被检疫传染病污染的；③发现有与人类健康有关的啮齿动物或者病媒昆虫，超过国家卫生标准的。

卫生检疫机关对入境、出境的废旧物品和曾行驶于境外港口的废旧交通工具，根据污染程度，分别实施消毒、除鼠、除虫，对污染严重的实施销毁。

入境、出境的尸体、骸骨托运人或者代理人应当申请卫生检疫，并出示死亡证明或者其他有关证件，对不符合卫生要求的，必须接受卫生检疫机关实施的卫生处理。对因患检疫传染病而死亡的患者尸体，必须就近火化，不准移运。

四、法律责任

（一）行政责任

《国境卫生检疫法》规定，有下列行为之一的单位或者个人，国境卫生检疫机关可以根据情节轻重，给予警告或者罚款：①逃避检疫，向国境卫生检疫机关隐瞒真实情况的；②入境的人员未经国境卫生检疫机关许可，擅自上下交通工具，或者装卸行李、货物、邮包等物品，不听劝阻的。国境卫生检疫机关工作人员未能对入境、出境的交通工具和人员及时进行检疫的，给予行政处分。

（二）刑事责任

《中华人民共和国刑法》第三百三十二条规定，违反国境卫生检疫规定，引起检疫传染病传播或者有传播严重危险的，处三年以下有期徒刑或者拘役，并处或者单处罚金。单位犯前款罪的，对单位判处罚金，并对其直接负责的主管人员和其他直接责任人员，依照前款的规定处罚。

《国境卫生检疫法》规定，国境卫生检疫机关工作人员违法失职，情节严重构成犯罪的，依法追究刑事责任。

答案解析

✐ 练习题

一、单项选择题

1. 《中华人民共和国传染病防治法》规定管理的传染病可分为（　　）
   A. 甲类、乙类　　　　　　　　B. 甲类、乙类、丙类
   C. 乙类、丙类　　　　　　　　D. 甲类、丙类

2. 国家对传染病防治实行的方针是（　　）
   A. 防治结合　　　　　　　　　B. 分类管理
   C. 依靠科学、依靠群众　　　　D. 预防为主

3. 疾病预防控制机构当接到甲类、乙类传染病疫情报告或者发现传染病暴发、流行时，应当立即报告（　　）
   A. 当地卫生健康主管部门　　　B. 当地人民政府
   C. 上级卫生健康主管部门　　　D. 上级疾病预防控制机构

4. 国家实行艾滋病自愿咨询和（　　）
   A. 自愿监测制度　　　　　　　B. 标准防护制度
   C. 自愿检测制度　　　　　　　D. 行为干预制度

5. 《职业病防治法》规定，依法享有职业卫生保护权利的是（　　）
   A. 劳动者　　　　　　　　　　B. 用人单位
   C. 地方政府　　　　　　　　　D. 卫生健康主管部门

二、简答题

1. 传染病暴发、流行时，可采取哪些紧急措施?

2. 疫苗的概念和分类分别是什么?

（王　丹）

书网融合……

本章小结　　　　　　　微课　　　　　　　题库

第九章 公共卫生管理法律制度

PPT

　　情境：李某与王某先后进入某小区的电梯内。李某在电梯内吸烟，王某进行劝阻，随之二人发生言语争执，但没有发生肢体冲突和拉扯行为，王某对李某没有呵斥或有其他不当行为。两人走出电梯后，李某心脏病发作猝死。

　　思考：

　　1. 公共场所范围包括哪些？电梯是否属于公共场所？

　　2. 结合本案，谈谈公共场所的卫生要求有哪些？

解析

第一节　概　述

　　为创造良好的公共场所卫生条件，预防疾病，保障人体健康，1987 年 4 月 1 日，国务院发布了《公共场所卫生管理条例》，并于 2016 年、2019 年进行了两次修订，共五章 19 条。2011 年 3 月 10 日，根据《公共场所卫生管理条例》的规定，卫生部发布了《公共场所卫生管理条例实施细则》，自 2011 年 5 月 1 日起施行，并于 2016 年、2017 年进行了两次修订，共有五章 43 条。

一、公共场所卫生项目

1. 适用范围

《公共场所卫生管理条例》适用于下列公共场所：①宾馆、饭馆、旅店、招待所、车马店、咖啡馆、酒吧、茶座；②公共浴室、理发店、美容店；③影剧院、录像厅（室）、游艺厅（室）、舞厅、音乐厅；④体育场（馆）、游泳场（馆）、公园；⑤展览馆、博物馆、美术馆、图书馆；⑥商场（店）、书店；⑦候诊室、候车（机、船）室、公共交通工具。

2. 公共场所的卫生项目 公共场所的下列项目应符合国家卫生标准和要求：①空气、微小气候（湿度、温度、风速）；②水质；③采光、照明；④噪声；⑤顾客用具和卫生设施。

公共场所经营者应当按照卫生标准、规范的要求对公共场所的空气、微小气候、水质、采光、照明、噪声、顾客用品用具等进行卫生检测，检测每年不得少于一次；检测结果不符合卫生标准、规范要求的应当及时整改。公共场所经营者应当在醒目位置如实公示检测结果，并对其卫生检测的真实性负责，依法依规承担相应后果。

二、公共场所经营者的责任

公共场所的主管部门应当建立卫生管理制度，配备专职或者兼职卫生管理人员，对所属经营单位（包括个体经营者）的卫生状况进行经常性检查，并提供必要的条件。

公共场所经营者在经营活动中，应当遵守有关卫生法律、行政法规和部门规章以及相关的卫生标准、规范，开展公共场所卫生知识宣传，预防传染病和保障公众健康，为顾客提供良好的卫生环境。

公共场所的法定代表人或者负责人是其经营场所卫生安全的第一责任人。公共场所经营者应当设立卫生管理部门或者配备专（兼）职卫生管理人员，具体负责本公共场所的卫生工作，建立健全卫生管理制度和卫生管理档案。

第二节 卫生管理

一、卫生管理档案

公共场所卫生管理档案应当主要包括下列内容。
1. 卫生管理部门、人员设置情况及卫生管理制度。
2. 空气、微小气候（湿度、温度、风速）、水质、采光、照明、噪声的检测情况。
3. 顾客用品用具的清洗、消毒、更换及检测情况。
4. 卫生设施的使用、维护、检查情况。
5. 集中空调通风系统的清洗、消毒情况。
6. 安排从业人员健康检查情况和培训考核情况。
7. 公共卫生用品进货索证管理情况。
8. 公共场所危害健康事故应急预案或者方案。
9. 省、自治区、直辖市卫生健康主管部门要求记录的其他情况。
公共场所卫生管理档案应当有专人管理，分类记录，至少保存两年。

二、公共场所从业人员卫生管理

（一）从业人员进行卫生知识培训和考核

经营单位应当负责所经营的公共场所的卫生管理，建立卫生责任制度，对本单位的从业人员进行卫生知识的培训和考核工作。公共场所经营者应当建立卫生培训制度，组织从业人员学习相关卫生法律知识和公共场所卫生知识，并进行考核。对考核不合格的，不得安排上岗。

（二）从业人员健康检查

公共场所经营者应当组织从业人员每年进行健康检查，从业人员在取得有效健康合格证明后方可上岗。患有痢疾、伤寒、甲型病毒性肝炎、戊型病毒性肝炎等消化道传染病的人员，以及患有活动性肺结核、化脓性或者渗出性皮肤病等疾病的人员，治愈前不得从事直接为顾客服务的工作。

三、危害健康事故的处置与报告

公共场所危害健康事故，指公共场所内发生的传染病疫情或者因空气质量、水质不符合卫生标准、用品用具或者设施受到污染导致的危害公众健康事故。

公共场所经营者应当制定公共场所危害健康事故应急预案或者方案，定期检查公共场所各项卫生制度、措施的落实情况，及时消除危害公众健康的隐患。

公共场所发生危害健康事故的，经营者应当立即处置，防止危害扩大，并及时向县级人民政府卫生健康主管部门报告。

任何单位或者个人对危害健康事故不得隐瞒、缓报、谎报或者授意他人隐瞒、缓报、谎报。

四、卫生监督

1. 公共场所卫生监督机构 国家卫生健康委员会主管全国公共场所卫生监督管理工作。县级以上地方各级人民政府卫生健康主管部门负责本行政区域的公共场所卫生监督管理工作。国境口岸及出入境交通工具的卫生监督管理工作由出入境检验检疫机构按照有关法律法规的规定执行。铁路部门所属的卫生健康主管部门负责对管辖范围内的车站、等候室、铁路客车以及主要为本系统职工服务的公共场所的卫生监督管理工作。

县级以上地方各级人民政府卫生健康主管部门应当根据公共场所卫生监督管理需要，建立健全公共场所卫生监督队伍和公共场所卫生监测体系，制定公共场所卫生监督计划并组织实施。

卫生监督员有权对公共场所进行现场检查，索取有关资料，经营单位不得拒绝或隐瞒。卫生监督员对所提供的技术资料有保密的责任。公共场所卫生监督员在执行任务时，应佩戴证章、出示证件。

2. 公共场所卫生许可 国家对除公园、体育场馆、公共交通工具外的公共场所实行卫生许可证管理。公共场所经营者取得工商行政管理部门颁发的营业执照后，还应当按照规定向县级以上地方人民政府卫生健康主管部门申请卫生许可证，方可营业。

（1）公共场所卫生许可证的申请 公共场所经营者申请卫生许可证的，应当提交下列资料：①卫生许可证申请表；②法定代表人或者负责人身份证明；③公共场所地址方位示意图、平面图和卫生设施平面布局图；④公共场所卫生检测或者评价报告；⑤公共场所卫生管理制度；⑥省、自治区、直辖市卫生健康主管部门要求提供的其他材料。

使用集中空调通风系统的，还应当提供集中空调通风系统卫生检测或者评价报告。

（2）公共场所卫生许可的审批 县级以上地方人民政府卫生健康主管部门应当自受理公共场所卫生许可申请之日起20日内，对申报资料进行审查，对现场进行审核，符合规定条件的，作出准予公共场所卫生许可的决定；对不符合规定条件的，作出不予行政许可的决定并书面说明理由。

公共场所卫生许可证应当载明编号、单位名称、法定代表人或者负责人、经营项目、经营场所地址、发证机关、发证时间、有效期限。公共场所卫生许可证有效期为四年。公共场所卫生许可证应当在经营场所醒目位置公示。

（3）公共场所卫生许可证的变更 公共场所经营者变更单位名称、法定代表人或者负责人的，应当向原发证卫生健康主管部门办理变更手续。公共场所经营者变更经营项目、经营场所地址的，应当向县级以上地方人民政府卫生健康主管部门重新申请卫生许可证。

（4）公共场所卫生许可证的延续　公共场所经营者需要延续卫生许可证的，应当在卫生许可证有效期届满30日前，向原发证卫生健康主管部门提出申请。

3. 预防性卫生审查　公共场所进行新建、改建、扩建的，应当符合有关卫生标准和要求，经营者应当按照有关规定办理预防性卫生审查手续。预防性卫生审查程序和具体要求由省、自治区、直辖市人民政府卫生健康主管部门制定。

4. 公共场所健康危害因素监测　县级以上人民政府卫生健康主管部门应当组织对公共场所的健康危害因素进行监测、分析，为制定法律法规、卫生标准和实施监督管理提供科学依据。县级以上疾病预防控制机构应当承担卫生健康主管部门下达的公共场所健康危害因素监测任务。

5. 公共场所卫生监督量化分级管理　县级以上地方人民政府卫生健康主管部门应当对公共场所卫生监督实施量化分级管理，促进公共场所自身卫生管理，增强卫生监督信息透明度。

县级以上地方人民政府卫生健康主管部门应当根据卫生监督量化评价的结果确定公共场所的卫生信誉度等级和日常监督频次。公共场所卫生信誉度等级应当在公共场所醒目位置公示。

6. 临时控制措施　县级以上地方人民政府卫生健康主管部门对发生危害健康事故的公共场所，可以依法采取封闭场所、封存相关物品等临时控制措施。经检验，属于被污染的场所、物品，应当进行消毒或者销毁；对未被污染的场所、物品或者经消毒后可以使用的物品，应当解除控制措施。

五、法律责任

1. 未依法取得公共场所卫生许可证擅自营业的法律责任　对未依法取得公共场所卫生许可证擅自营业的，由县级以上地方人民政府卫生健康主管部门责令限期改正，给予警告，并处以五百元以上五千元以下罚款；有下列情形之一的，处以五千元以上三万元以下罚款：①擅自营业曾受过卫生健康主管部门处罚的；②擅自营业时间在三个月以上的；③以涂改、转让、倒卖、伪造的卫生许可证擅自营业的。

对涂改、转让、倒卖有效卫生许可证的，由原发证的卫生健康主管部门予以注销。

2. 未按规定履行公共场所卫生职责的法律责任　公共场所经营者有下列情形之一的，由县级以上地方人民政府卫生健康主管部门责令限期改正，给予警告，并可处以二千元以下罚款；逾期不改正，造成公共场所卫生质量不符合卫生标准和要求的，处以两千元以上二万元以下罚款；情节严重的，可以依法责令停业整顿，直至吊销卫生许可证：①未按照规定对公共场所的空气、微小气候、水质、采光、照明、噪声、顾客用品用具等进行卫生检测的；②未按照规定对顾客用品用具进行清洗、消毒、保洁，或者重复使用一次性用品用具的。

3. 违反从业人员健康管理的法律责任　公共场所经营者安排未获得有效健康合格证明的从业人员从事直接为顾客服务工作的，由县级以上地方人民政府卫生健康主管部门责令限期改正，给予警告，并处以五百元以上五千元以下罚款；逾期不改正的，处以五千元以上一万五千元以下罚款。

4. 危害健康事故未立即采取处置措施的法律责任　公共场所经营者对发生的危害健康事故未立即采取处置措施，导致危害扩大，或者隐瞒、缓报、谎报的，由县级以上地方人民政府卫生健康主管部门处以五千元以上三万元以下罚款；情节严重的，可以依法责令停业整顿，直至吊销卫生许可证。构成犯罪的，依法追究刑事责任。

5. 卫生健康主管部门及其工作人员的法律责任　县级以上人民政府卫生健康主管部门及其工作人员玩忽职守、滥用职权、收取贿赂的，由有关部门对单位负责人、直接负责的主管人员和其他责任人员依法给予行政处分。构成犯罪的，依法追究刑事责任。

第三节　医疗废物管理法律制度

一、概述

为了加强医疗废物的安全管理，防止疾病传播，保护环境，保障人体健康，2003 年 6 月 16 日，国务院颁布了《医疗废物管理条例》（以下简称《条例》），2011 年 1 月 8 日进行了修订，共七章 57 条。该条例适用于医疗废物的收集、运送、贮存、处置以及监督管理等活动。此外，我国先后发布了《医疗卫生机构医疗废物管理办法》《医疗废物管理行政处罚办法》《医疗废物分类目录》《医疗废物分类目录（2021 年版）》等规范性文件，构成了我国医疗废物管理法律体系。

医疗废物，是指医疗卫生机构在医疗、预防、保健以及其他相关活动中产生的具有直接或者间接感染性、毒性以及其他危害性的废物。根据《医疗废物分类目录（2021 年版)》，医疗废物包括以下类别：①感染性废物：携带病原微生物具有引发感染性疾病传播危险的医疗废物。②损伤性废物：能够刺伤或者割伤人体的废弃的医用锐器。③病理性废物：诊疗过程中产生的人体废弃物和医学实验动物尸体等。④药物性废物：过期、淘汰、变质或者被污染的废弃的药物。⑤化学性废物：具有毒性、腐蚀性、易燃性、反应性的废弃的化学物品。

二、医疗卫生机构对医疗废物的管理

（一）一般规定

医疗卫生机构和医疗废物集中处置单位应当建立、健全医疗废物管理责任制，其法定代表人或者主要负责人为第一责任人，切实履行职责，防止因医疗废物导致传染病传播和环境污染事故。

医疗卫生机构和医疗废物集中处置单位应当制定与医疗废物安全处置有关的规章制度和在发生意外事故时的应急方案；设置监控部门或者专（兼）职人员，负责检查、督促、落实本单位医疗废物的管理工作，防止违反本条例的行为发生。

医疗卫生机构和医疗废物集中处置单位应当对本单位从事医疗废物收集、运送、贮存、处置等工作的人员和管理人员，进行相关法律和专业技术、安全防护以及紧急处理等知识的培训。

医疗卫生机构和医疗废物集中处置单位应当采取有效的职业卫生防护措施，为从事医疗废物收集、运送、贮存、处置等工作的人员和管理人员，配备必要的防护用品，定期进行健康检查；必要时，对有关人员进行免疫接种，防止其受到健康损害。

医疗卫生机构和医疗废物集中处置单位应当对医疗废物进行登记，登记内容应当包括医疗废物的来源、种类、重量或者数量、交接时间、处置方法、最终去向以及经办人签名等项目。登记资料至少保存 3 年。

医疗卫生机构和医疗废物集中处置单位当采取有效措施，防止医疗废物流失、泄漏、扩散。

（二）医疗废物管理

医疗卫生机构应当及时收集本单位产生的医疗废物，并按照类别分置于防渗漏、防锐器穿透的专用包装物或者密闭的容器内。医疗废物专用包装物、容器，应当有明显的警示标识和警示说明。

医疗卫生机构应当建立医疗废物的暂时贮存设施、设备，不得露天存放医疗废物；医疗废物暂时贮存的时间不得超过 2 天。

医疗废物的暂时贮存设施、设备，应当远离医疗区、食品加工区和人员活动区以及生活垃圾存放场

所，并设置明显的警示标识和防渗漏、防鼠、防蚊蝇、防蟑螂、防盗以及预防儿童接触等安全措施。

医疗卫生机构应当根据就近集中处置的原则，及时将医疗废物交由医疗废物集中处置单位处置。医疗废物中病原体的培养基、标本和菌种、毒种保存液等高危险废物，在交医疗废物集中处置单位处置前应当就地消毒。

医疗卫生机构产生的污水、传染病患者或者疑似传染病患者的排泄物，应当按照国家规定严格消毒；达到国家规定的排放标准后，方可排入污水处理系统。

三、医疗废物卫生的监督管理

县级以上地方人民政府卫生健康主管部门、环境保护行政主管部门，应当依照规定，按照职责分工，对医疗卫生机构和医疗废物集中处置单位进行监督检查。

卫生健康主管部门、环境保护行政主管部门应当定期交换监督检查和抽查结果。在监督检查或者抽查中发现医疗卫生机构和医疗废物集中处置单位存在隐患时，应当责令立即消除隐患。

发生因医疗废物管理不当导致传染病传播或者环境污染事故，或者有证据证明传染病传播或者环境污染的事故有可能发生时，卫生健康主管部门、环境保护行政主管部门应当采取临时控制措施，疏散人员，控制现场，并根据需要责令暂停导致或者可能导致传染病传播或者环境污染事故的作业。

四、法律责任

（一）医疗卫生机构、医疗废物集中处置单位的法律责任

医疗卫生机构、医疗废物集中处置单位违反《条例》规定，有下列情形之一的，由县级以上地方人民政府卫生健康主管部门或者环境保护行政主管部门按照各自的职责责令限期改正，给予警告；逾期不改正的，处 2000 元以上 5000 元以下的罚款：①未建立、健全医疗废物管理制度，或者未设置监控部门或者专（兼）职人员的；②未对有关人员进行相关法律和专业技术、安全防护以及紧急处理等知识的培训的；③未对从事医疗废物收集、运送、贮存、处置等工作的人员和管理人员采取职业卫生防护措施的；④未对医疗废物进行登记或者未保存登记资料的；⑤对使用后的医疗废物运送工具或者运送车辆未在指定地点及时进行消毒和清洁的；⑥未及时收集、运送医疗废物的；⑦未定期对医疗废物处置设施的环境污染防治和卫生学效果进行检测、评价，或者未将检测、评价效果存档、报告的。

医疗卫生机构、医疗废物集中处置单位违反《条例》规定，有下列情形之一的，由县级以上地方人民政府卫生健康主管部门或者环境保护行政主管部门按照各自的职责责令限期改正，给予警告，可以并处 5000 元以下的罚款；逾期不改正的，处 5000 元以上 3 万元以下的罚款：①贮存设施或者设备不符合环境保护、卫生要求的；②未将医疗废物按照类别分置于专用包装物或者容器的；③未使用符合标准的专用车辆运送医疗废物或者使用运送医疗废物的车辆运送其他物品的；④未安装污染物排放在线监控装置或者监控装置未经常处于正常运行状态的。

医疗卫生机构、医疗废物集中处置单位有下列情形之一的，由县级以上地方人民政府卫生健康主管部门或者环境保护行政主管部门按照各自的职责责令限期改正，给予警告，并处 5000 元以上 1 万元以下的罚款；逾期不改正的，处 1 万元以上 3 万元以下的罚款；造成传染病传播或者环境污染事故的，由原发证部门暂扣或者吊销执业许可证件或者经营许可证件；构成犯罪的，依法追究刑事责任：①在运送过程中丢弃医疗废物，在非贮存地点倾倒、堆放医疗废物或者将医疗废物混入其他废物和生活垃圾的；②未执行危险废物转移联单管理制度的；③将医疗废物交给未取得经营许可证的单位或者个人收集、运送、贮存、处置的；④对医疗废物的处置不符合国家规定的环境保护、卫生标准、规范的；⑤未按照本

条例的规定对污水、传染病患者或者疑似传染病患者的排泄物，进行严格消毒，或者未达到国家规定的排放标准，排入污水处理系统的；⑥对收治的传染病患者或者疑似传染病患者产生的生活垃圾，未按照医疗废物进行管理和处置的。

医疗卫生机构违反《条例》规定，将未达到国家规定标准的污水、传染病患者或者疑似传染病患者的排泄物排入城市排水管网的，由县级以上地方人民政府建设行政主管部门责令限期改正，给予警告，并处 5000 元以上 1 万元以下的罚款；逾期不改正的，处 1 万元以上 3 万元以下的罚款；造成传染病传播或者环境污染事故的，由原发证部门暂扣或者吊销执业许可证件；构成犯罪的，依法追究刑事责任。

医疗卫生机构、医疗废物集中处置单位发生医疗废物流失、泄漏、扩散时，未采取紧急处理措施，或者未及时向卫生健康主管部门和环境保护行政主管部门报告的，由县级以上地方人民政府卫生健康主管部门或者环境保护行政主管部门按照各自的职责责令改正，给予警告，并处 1 万元以上 3 万元以下的罚款；造成传染病传播或者环境污染事故的，由原发证部门暂扣或者吊销执业许可证件或者经营许可证件；构成犯罪的，依法追究刑事责任。

医疗卫生机构、医疗废物集中处置单位违反《条例》规定，导致传染病传播或者发生环境污染事故，给他人造成损害的，依法承担民事赔偿责任。

（二）未取得经营许可证从事医疗废物的法律责任

未取得经营许可证从事医疗废物的收集、运送、贮存、处置等活动的，由县级以上地方人民政府环境保护行政主管部门责令立即停止违法行为，没收违法所得，可以并处违法所得 1 倍以下的罚款。

第四节　病原微生物实验室生物安全管理

一、概述

2004 年 11 月 12 日，国务院颁布《病原微生物实验室生物安全管理条例》，于 2016 年、2018 年进行了两次修订。对中华人民共和国境内的实验室及其从事实验活动的生物安全管理，适用该条例。

国务院卫生健康主管部门主管与人体健康有关的实验室及其实验活动的生物安全监督工作。国务院兽医主管部门主管与动物有关的实验室及其实验活动的生物安全监督工作。国务院其他有关部门在各自职责范围内负责实验室及其实验活动的生物安全管理工作。县级以上地方人民政府及其有关部门在各自职责范围内负责实验室及其实验活动的生物安全管理工作。

二、病原微生物的分类与管理

病原微生物，是指能够使人或者动物致病的微生物。实验活动，是指实验室从事与病原微生物菌（毒）种、样本有关的研究、教学、检测、诊断等活动。

（一）病原微生物的分类

国家对病原微生物实行分类管理，国家根据病原微生物的传染性、感染后对个体或者群体的危害程度，将病原微生物分为四类。

第一类病原微生物，是指能够引起人类或者动物非常严重疾病的微生物，以及我国尚未发现或者已经宣布消灭的微生物。

第二类病原微生物，是指能够引起人类或者动物严重疾病，比较容易直接或者间接在人与人、动物

与人、动物与动物间传播的微生物。

第三类病原微生物，是指能够引起人类或者动物疾病，但一般情况下对人、动物或者环境不构成严重危害，传播风险有限，实验室感染后很少引起严重疾病，并且具备有效治疗和预防措施的微生物。

第四类病原微生物，是指在通常情况下不会引起人类或者动物疾病的微生物。

第一类、第二类病原微生物统称为高致病性病原微生物。

（二）病原微生物的管理

采集病原微生物样本应当具备下列条件：①具有与采集病原微生物样本所需要的生物安全防护水平相适应的设备；②具有掌握相关专业知识和操作技能的工作人员；③具有有效的防止病原微生物扩散和感染的措施；④具有保证病原微生物样本质量的技术方法和手段。

采集高致病性病原微生物样本的工作人员在采集过程中应当防止病原微生物扩散和感染，并对样本的来源、采集过程和方法等作详细记录。

国务院卫生健康主管部门或者兽医主管部门指定的菌（毒）种保藏中心或者专业实验室（以下称保藏机构），承担集中储存病原微生物菌（毒）种和样本的任务。保藏机构应当依照国务院卫生健康主管部门或者兽医主管部门的规定，储存实验室送交的病原微生物菌（毒）种和样本，并向实验室提供病原微生物菌（毒）种和样本。保藏机构应当制定严格的安全保管制度，作好病原微生物菌（毒）种和样本进出和储存的记录，建立档案制度，并指定专人负责。对高致病性病原微生物菌（毒）种和样本应当设专库或者专柜单独储存。

实验室在相关实验活动结束后，应当依照国务院卫生健康主管部门或者兽医主管部门的规定，及时将病原微生物菌（毒）种和样本就地销毁或者送交保藏机构保管。保藏机构接受实验室送交的病原微生物菌（毒）种和样本，应当予以登记，并开具接收证明。

高致病性病原微生物菌（毒）种或者样本在运输、储存中被盗、被抢、丢失、泄漏的，承运单位、护送人、保藏机构应当采取必要的控制措施，并在2小时内分别向承运单位的主管部门、护送人所在单位和保藏机构的主管部门报告，同时向所在地的县级人民政府卫生健康主管部门或者兽医主管部门报告，发生被盗、被抢、丢失的，还应当向公安机关报告；接到报告的卫生健康主管部门或者兽医主管部门应当在2小时内向本级人民政府报告，并同时向上级人民政府卫生健康主管部门或者兽医主管部门和国务院卫生健康主管部门或者兽医主管部门报告。

县级人民政府应当在接到报告后2小时内向设区的市级人民政府或者上一级人民政府报告；设区的市级人民政府应当在接到报告后2小时内向省、自治区、直辖市人民政府报告。省、自治区、直辖市人民政府应当在接到报告后1小时内，向国务院卫生健康主管部门或者兽医主管部门报告。

三、实验室的设立与管理

1. 实验室的设立　国家对实验室实行分级管理。国家实行统一的实验室生物安全标准。实验室应当符合国家标准和要求。实验室的设立单位及其主管部门负责实验室日常活动的管理，承担建立健全安全管理制度，检查、维护实验设施、设备，控制实验室感染的职责。

国家根据实验室对病原微生物的生物安全防护水平，并依照实验室生物安全国家标准的规定，将实验室分为一级、二级、三级、四级。三级、四级实验室应当通过实验室国家认可。一级、二级实验室不得从事高致病性病原微生物实验活动。

实验室申报或者接受与高致病性病原微生物有关的科研项目，应当符合科研需要和生物安全要求，具有相应的生物安全防护水平。与动物间传染的高致病性病原微生物有关的科研项目，应当经国务院兽医主管部门同意；与人体健康有关的高致病性病原微生物科研项目，实验室应当将立项结果告知省级以上人民政府卫生健康主管部门。

2. 实验室管理 专门从事检测、诊断的实验室应当严格依照国务院卫生健康主管部门或者兽医主管部门的规定，建立健全规章制度，保证实验室生物安全。

省级以上人民政府卫生健康主管部门或者兽医主管部门应当自收到需要从事高致病性病原微生物相关实验活动的申请之日起 15 日内作出是否批准的决定。

实验室使用新技术、新方法从事高致病性病原微生物相关实验活动的，应当符合防止高致病性病原微生物扩散、保证生物安全和操作者人身安全的要求，并经国家病原微生物实验室生物安全专家委员会论证；经论证可行的，方可使用。

需要在动物体上从事高致病性病原微生物相关实验活动的，应当在符合动物实验室生物安全国家标准的三级以上实验室进行。

从事高致病性病原微生物相关实验活动应当有 2 名以上的工作人员共同进行。进入从事高致病性病原微生物相关实验活动的实验室的工作人员或者其他有关人员，应当经实验室负责人批准。实验室应当为其提供符合防护要求的防护用品并采取其他职业防护措施。从事高致病性病原微生物相关实验活动的实验室，还应当对实验室工作人员进行健康监测，每年组织对其进行体检，并建立健康档案；必要时，应当对实验室工作人员进行预防接种。

实验室应当建立实验档案，记录实验室使用情况和安全监督情况。实验室从事高致病性病原微生物相关实验活动的实验档案保存期，不得少于 20 年。

从事高致病性病原微生物相关实验活动的实验室应当制定实验室感染应急处置预案，并向该实验室所在地的省、自治区、直辖市人民政府卫生健康主管部门或者兽医主管部门备案。

四、法律责任

1. 未经批准从事高致病性病原微生物实验活动的法律责任 三级、四级实验室未经批准从事某种高致病性病原微生物或者疑似高致病性病原微生物实验活动的，由县级以上地方人民政府卫生健康主管部门、兽医主管部门依照各自职责，责令停止有关活动，监督其将用于实验活动的病原微生物销毁或者送交保藏机构，并给予警告；造成传染病传播、流行或者其他严重后果的，由实验室的设立单位对主要负责人、直接负责的主管人员和其他直接责任人员，依法给予撤职、开除的处分；构成犯罪的，依法追究刑事责任。

2. 在不符合相应要求的实验室从事实验活动的法律责任 违反《条例》规定，在不符合相应生物安全要求的实验室从事病原微生物相关实验活动的，由县级以上地方人民政府卫生健康主管部门、兽医主管部门依照各自职责，责令停止有关活动，监督其将用于实验活动的病原微生物销毁或者送交保藏机构，并给予警告；造成传染病传播、流行或者其他严重后果的，由实验室的设立单位对主要负责人、直接负责的主管人员和其他直接责任人员，依法给予撤职、开除的处分；构成犯罪的，依法追究刑事责任。

3. 未建立健全安全保卫制度或者未采取安全保卫措施的法律责任 经依法批准从事高致病性病原微生物相关实验活动的实验室的设立单位未建立健全安全保卫制度，或者未采取安全保卫措施的，由县级以上地方人民政府卫生健康主管部门、兽医主管部门依照各自职责，责令限期改正；逾期不改正，导致高致病性病原微生物菌（毒）种、样本被盗、被抢或者造成其他严重后果的，责令停止该项实验活动，该实验室 2 年内不得申请从事高致病性病原微生物实验活动；造成传染病传播、流行的，该实验室设立单位的主管部门还应当对该实验室的设立单位的直接负责的主管人员和其他直接责任人员，依法给予降级、撤职、开除的处分；构成犯罪的，依法追究刑事责任。

4. 违反运输高致病性病原微生物菌（毒）种或者样本规定的法律责任　未经批准运输高致病性病原微生物菌（毒）种或者样本，或者承运单位经批准运输高致病性病原微生物菌（毒）种或者样本未履行保护义务，导致高致病性病原微生物菌（毒）种或者样本被盗、被抢、丢失、泄漏的，由县级以上地方人民政府卫生健康主管部门、兽医主管部门依照各自职责，责令采取措施，消除隐患，给予警告；造成传染病传播、流行或者其他严重后果的，由托运单位和承运单位的主管部门对主要负责人、直接负责的主管人员和其他直接责任人员，依法给予撤职、开除的处分；构成犯罪的，依法追究刑事责任。

5. 未依照规定报告或者未依规定采取控制措施的法律责任　实验室工作人员出现该实验室从事的病原微生物相关实验活动有关的感染临床症状或者体征，以及实验室发生高致病性病原微生物泄漏时，实验室负责人、实验室工作人员、负责实验室感染控制的专门机构或者人员未依照规定报告，或者未依照规定采取控制措施的，由县级以上地方人民政府卫生健康主管部门、兽医主管部门依照各自职责，责令限期改正，给予警告；造成传染病传播、流行或者其他严重后果的，由其设立单位对实验室主要负责人、直接负责的主管人员和其他直接责任人员，依法给予撤职、开除的处分；有许可证件的，并由原发证部门吊销有关许可证件；构成犯罪的，依法追究刑事责任。

> **知识链接**
>
> **涉及实验室生物安全管理的犯罪**
>
> 传染病菌种、毒种扩散罪　从事实验、保藏、携带、运输传染病菌种、毒种的人员，违反国务院卫生健康主管部门的有关规定，造成传染病菌种、毒种扩散，后果严重的，处三年以下有期徒刑或者拘役；后果特别严重的，处三年以上七年以下有期徒刑。（《中华人民共和国刑法》第三百三十一条）
>
> 传染病防治失职罪　从事传染病防治的政府卫生健康主管部门的工作人员严重不负责任，导致传染病传播或者流行，情节严重的，处三年以下有期徒刑或者拘役。（《中华人民共和国刑法》第四百零九条）

第五节　放射卫生防护法律制度

一、概述

2006年1月24日，卫生部发布《放射诊疗管理规定》，2016年1月19日进行了修订。2007年6月3日，卫生部发布《放射工作人员职业健康管理办法》。2005年9月14日，国务院发布了《放射性同位素与射线装置安全和防护条例》，2014年、2019年进行了两次修订。

放射诊疗工作，是指使用放射性同位素、射线装置进行临床医学诊断、治疗和健康检查的活动。放射诊疗工作按照诊疗风险和技术难易程度分为四类管理。

1. 放射治疗　是指利用电离辐射的生物效应治疗肿瘤等疾病的技术。

2. 核医学　是指利用放射性同位素诊断或治疗疾病或进行医学研究的技术。

3. 介入放射学　是指在医学影像系统监视引导下，经皮针穿刺或引入导管做抽吸注射、引流或对管腔、血管等做成型、灌注、栓塞等，以诊断与治疗疾病的技术。

4. X射线影像诊断　是指利用X射线的穿透等性质取得人体内器官与组织的影像信息以诊断疾病的技术。

原卫生部负责全国放射诊疗工作的监督管理。县级以上地方人民政府卫生健康主管部门负责本行政区域内放射诊疗工作的监督管理。

二、执业条件

医疗机构开展放射诊疗工作，应当具备与其开展的放射诊疗工作相适应的条件，经所在地县级以上地方卫生健康主管部门的放射诊疗技术和医用辐射机构许可（以下简称放射诊疗许可）。

1. 基本条件　医疗机构开展放射诊疗工作，应当具备以下基本条件：①具有经核准登记的医学影像科诊疗科目；②具有符合国家相关标准和规定的放射诊疗场所和配套设施；③具有质量控制与安全防护专（兼）职管理人员和管理制度，并配备必要的防护用品和监测仪器；④产生放射性废气、废液、固体废物的，具有确保放射性废气、废液、固体废物达标排放的处理能力或者可行的处理方案；⑤具有放射事件应急处理预案。

2. 人员要求　医疗机构开展不同类别放射诊疗工作，应当分别具有下列人员。

开展放射治疗工作的，应当具有：①中级以上专业技术职务任职资格的放射肿瘤医师；②病理学、医学影像学专业技术人员；③大学本科以上学历或中级以上专业技术职务任职资格的医学物理人员；④放射治疗技师和维修人员。

开展核医学工作的，应当具有：①中级以上专业技术职务任职资格的核医学医师；②病理学、医学影像学专业技术人员；③大学本科以上学历或中级以上专业技术职务任职资格的技术人员或核医学技师。

开展介入放射学工作的，应当具有：①大学本科以上学历或中级以上专业技术职务任职资格的放射影像医师；②放射影像技师；③相关内、外科的专业技术人员。

开展X射线影像诊断工作的，应当具有专业的放射影像医师。

3. 设备要求　医疗机构开展不同类别放射诊疗工作，应当分别具有下列设备：①开展放射治疗工作的，至少有一台远距离放射治疗装置，并具有模拟定位设备和相应的治疗计划系统等设备；②开展核医学工作的，具有核医学设备及其他相关设备；③开展介入放射学工作的，具有带影像增强器的医用诊断X射线机、数字减影装置等设备；④开展X射线影像诊断工作的，有医用诊断X射线机或CT机等设备。

4. 安全防护装置、防护用品　医疗机构应当按照下列要求配备并使用安全防护装置、辐射检测仪器和个人防护用品：①放射治疗场所应当按照相应标准设置多重安全联锁系统、剂量监测系统、影像监控、对讲装置和固定式剂量监测报警装置；配备放疗剂量仪、剂量扫描装置和个人剂量报警仪。②开展核医学工作的，设有专门的放射性同位素分装、注射、储存场所，放射性废物屏蔽设备和存放场所；配备活度计、放射性表面污染监测仪。③介入放射学与其他X射线影像诊断工作场所应当配备工作人员防护用品和受检者个人防护用品。

5. 警示标志　医疗机构应当对下列设备和场所设置醒目的警示标志：①装有放射性同位素和放射性废物的设备、容器，设有电离辐射标志；②放射性同位素和放射性废物储存场所，设有电离辐射警告标志及必要的文字说明；③放射诊疗工作场所的入口处，设有电离辐射警告标志；④放射诊疗工作场所应当按照有关标准的要求分为控制区、监督区，在控制区进出口及其他适当位置，设有电离辐射警告标志和工作指示灯。

三、放射诊疗的设置与批准

医疗机构设置放射诊疗项目，应当按照其开展的放射诊疗工作的类别，分别向相应的卫生健康主管部门提出建设项目卫生审查、竣工验收和设置放射诊疗项目申请。

医疗机构在开展放射诊疗工作前，应当提交下列资料，向相应的卫生健康主管部门提出放射诊疗许可申请：①放射诊疗许可申请表；②《医疗机构执业许可证》或《设置医疗机构批准书》（复印件）；③放射诊疗专业技术人员的任职资格证书（复印件）；④放射诊疗设备清单；⑤放射诊疗建设项目竣工验收合格证明文件。

医疗机构取得《放射诊疗许可证》后，到核发《医疗机构执业许可证》的卫生行政执业登记部门办理相应诊疗科目登记手续。执业登记部门应根据许可情况，将医学影像科核准到二级诊疗科目。未取得《放射诊疗许可证》或未进行诊疗科目登记的，不得开展放射诊疗工作。

四、安全防护与质量保证

1. 管理人员及其职责　医疗机构应当配备专（兼）职的管理人员，负责放射诊疗工作的质量保证和安全防护。其主要职责是：①组织制定并落实放射诊疗和放射防护管理制度；②定期组织对放射诊疗工作场所、设备和人员进行放射防护检测、监测和检查；③组织本机构放射诊疗工作人员接受专业技术、放射防护知识及有关规定的培训和健康检查；④制定放射事件应急预案并组织演练；⑤记录本机构发生的放射事件并及时报告卫生健康主管部门。

2. 医疗机构的放射诊疗设备和检测仪表要求　①新安装、维修或更换重要部件后的设备，应当经省级以上卫生健康主管部门资质认证的检测机构对其进行检测，合格后方可启用；②定期进行稳定性检测、校正和维护保养，由省级以上卫生健康主管部门资质认证的检测机构每年至少进行一次状态检测；③按照国家有关规定检验或者校准用于放射防护和质量控制的检测仪表；④放射诊疗设备及其相关设备的技术指标和安全、防护性能，应当符合有关标准与要求。不合格或国家有关部门规定淘汰的放射诊疗设备不得购置、使用、转让和出租。

3. 放射诊疗场所防护要求　医疗机构应当定期对放射诊疗工作场所、放射性同位素储存场所和防护设施进行放射防护检测，保证辐射水平符合有关规定或者标准。放射性同位素不得与易燃、易爆、腐蚀性物品同库储存；储存场所应当采取有效的防泄漏等措施，并安装必要的报警装置。放射性同位素储存场所应当有专人负责，有完善的存入、领取、归还登记和检查的制度，做到交接严格，检查及时，账目清楚，账物相符，记录资料完整。

4. 放射诊疗工作人员管理要求　放射诊疗工作人员应当按照有关规定佩戴个人剂量计。医疗机构应当按照有关规定和标准，对放射诊疗工作人员进行上岗前、在岗期间和离岗时的健康检查，定期进行专业及防护知识培训，并分别建立个人剂量、职业健康管理和教育培训档案。

5. 患者和受检者安全防护　放射诊疗工作人员对患者和受检者进行医疗照射时，应当遵守医疗照射正当化和放射防护最优化的原则，有明确的医疗目的，严格控制受照剂量；对邻近照射野的敏感器官和组织进行屏蔽防护，并事先告知患者和受检者辐射对健康的影响。

6. 放射诊断治疗实施要求　医疗机构在实施放射诊断检查前应当对不同检查方法进行利弊分析，在保证诊断效果的前提下，优先采用对人体健康影响较小的诊断技术。开展放射治疗的医疗机构，在对患者实施放射治疗前，应当进行影像学、病理学及其他相关检查，严格掌握放射治疗的适应证。对确需进行放射治疗的，应当制定科学的治疗计划，并按照要求实施。

五、法律责任

1. 擅自从事放射诊疗工作的法律责任　医疗机构有下列情形之一的，由县级以上卫生健康主管部门给予警告、责令限期改正，并可以根据情节处以 3000 元以下的罚款；情节严重的，吊销其《医疗机构执业许可证》：①未取得放射诊疗许可从事放射诊疗工作的；②未办理诊疗科目登记或者未按照规定进行校验的；③未经批准擅自变更放射诊疗项目或者超出批准范围从事放射诊疗工作的。

2. 医疗机构使用不具备相应资质的人员的法律责任　医疗机构使用不具备相应资质的人从事放射诊疗工作的，由县级以上卫生健康主管部门责令限期改正，并可以处以 5000 元以下的罚款；情节严重的，吊销其《医疗机构执业许可证》。

3. 未履行安全防护职责的法律责任　医疗机构违反本规定，有下列行为之一的，由县级以上卫生健康主管部门给予警告，责令限期改正；并可处一万元以下的罚款：①购置、使用不合格或国家有关部门规定淘汰的放射诊疗设备的；②未按照规定使用安全防护装置和个人防护用品的；③未按照规定对放射诊疗设备、工作场所及防护设施进行检测和检查的；④未按照规定对放射诊疗工作人员进行个人剂量监测、健康检查、建立个人剂量和健康档案的；⑤发生放射事件并造成人员健康严重损害的；⑥发生放射事件未立即采取应急救援和控制措施或者未按照规定及时报告的；⑦违反本规定的其他情形。

4. 不履行法定职责的法律责任　卫生健康主管部门及其工作人员违反本规定，对不符合条件的医疗机构发放《放射诊疗许可证》的，或者不履行法定职责，造成放射事故的，对直接负责的主管人员和其他直接责任人员，依法给予行政处分；情节严重，构成犯罪的，依法追究刑事责任。

✍ 练习题

答案解析

一、单项选择题

1. 公共场所经营者应当组织从业人员每年进行健康检查，从业人员在取得有效（　　）后方可上岗

　　A. 健康合格证明　　　　　　B. 居住证　　　　　　C. 身份证

　　D. 工作证　　　　　　　　　E. 职业证明

2. 国家根据病原微生物的传染性、感染后对个体或者群体的危害程度，将病原微生物分为（　　）类

　　A. 三　　　　　　　　　　　B. 四　　　　　　　　C. 五

　　D. 二　　　　　　　　　　　E. 六

3. 医疗机构开展放射诊疗工作，应当具备与其开展的放射诊疗工作相适应的条件，经所在（　　）以上地方卫生健康主管部门的放射诊疗技术和医用辐射机构许可

　　A. 国家级　　　　　　　　　B. 省部级

　　C. 地县级　　　　　　　　　D. 乡镇级

二、多项选择题

1.《公共场所卫生管理条例》适用于下列哪些公共场所（　　）

　　A. 公共浴室、理发店、美容店

　　B. 展览馆、博物馆、美术馆、图书馆

　　C. 商场、书店

　　D. 候诊室、候车室、公共交通工具

　　E. 宾馆、饭馆、旅店

2. 医疗卫生机构应当对医疗废物进行登记，登记内容应当包括（　　）

　　A. 医疗废物的来源、种类　　B. 重量或者数量　　　C. 交接时间

D. 处置方法 　　　　E. 最终去向以及经办人签名等项目

三、简答题

1. 请根据本章所学知识,讲述公共场所经营者的责任。
2. 请根据本章所学知识,讲述医疗卫生机构对医疗废物的管理要求。

（郭　宁）

书网融合……

本章小结　　　　　　微课　　　　　　　题库

第十章　突发公共卫生事件应急法律制度

PPT

学习目标

知识目标

1. 掌握突发公共卫生事件的预防与应急准备、报告制度等内容。

2. 熟悉突发公共卫生事件的应急处理。

3. 了解突发公共卫生事件的主体法律责任。

能力目标

能运用相关法律制度，正确处理突发公共卫生事件应急处理中出现的法律问题，具备依法依规处理突发公共卫生事件的能力。

素质目标

通过学习突发公共卫生事件相关的法律制度，树立较强的法律意识，能够运用法律知识分析问题、解决问题，提高在相关领域的专业素养。

情境导入

情境： 2011年5月初，德国罗伯特·科赫研究所公布了第一例由肠出血性大肠埃希菌所致的溶血性尿毒综合征的病例，随后德国东北部数州报告的感染人数迅速增加。5月中旬开始在德国蔓延的肠出血性大肠埃希菌（EHEC）疫情仍在继续扩散，死亡病例首度扩散到德国北部以外地区，截至5月31日，死亡人数增至16人，1人在瑞典，其余在德国。感染人数已超过1200人，其中373人为重症患者。此外，包括瑞典、丹麦、英国和荷兰在内的多个国家均已报告感染病例欧洲爆发的大肠埃希菌疫情截至该年6月，造成9个国家至少1500人患病，其中470人出现肾衰竭症状，至少18人死亡。

解析

思考： 我国卫生健康主管部门在突发事件发生后应当做的应急工作是什么？

为有效预防、及时控制和消除突发公共卫生事件的危害，保障公众身体健康与生命安全，维护正常的社会秩序，国务院依照《中华人民共和国传染病防治法》的规定制定了《突发公共卫生事件应急条例》（以下简称《应急条例》），并于2003年5月9日公布实施，2011年1月进行了修订。《突发公共卫生事件应急条例》与《中华人民共和国突发事件应对法》《中华人民共和国传染病防治法》共同为及时有效处置突发公共卫生事件建立起"信息畅通、反应快捷、指挥有力、责任明确"的应急法律制度，也为突发公共卫生事件的及时应对处理提供了法律依据。

第一节 概　述

一、突发公共卫生事件的概念

《应急条例》指出，突发公共卫生事件是指突然发生，造成或者可能造成社会公众健康严重损害的重大传染病疫情、群体性不明原因疾病、重大食物和职业中毒以及其他严重影响公众健康的事件。

突发公共卫生事件具有以下三个特征。

1. 突发性　突发公共卫生事件具有突发性，通常在事件发生之前没有任何征兆，且一旦发生传播迅速，以现有的技术手段难以预测。例如，2019 年以来在全球范围内蔓延的新型冠状病毒感染就是突如其来的公共卫生事件。

2. 公共性　这一特性是指突发公共卫生事件所针对的侵害对象不是特定的个体，而是不特定的社会群体，如果不能迅速有效地应对，受事件影响的人群和地区将会持续扩大。

3. 严重的危害性　突发公共卫生事件可对公众的身体健康和生命安全、社会经济与秩序、生态环境等造成不同程度的危害，包括直接危害与间接危害。直接危害是指与突发公共卫生事件直接相关的危害，例如传染病的暴发直接威胁到公众的健康和生命安全。间接危害是指由于突发公共卫生事件而引发的其他问题和影响。这些影响可能不直接与疾病本身有关，但对社会、经济和环境造成了一定的危害，例如限制人员流动、封锁城市等措施可能导致经济活动的停滞和衰退，使得企业面临倒闭和失业增加。

二、突发公共卫生事件的分级

国务院 2006 年印发的《国家突发公共卫生事件应急预案》中，根据突发公共卫生事件性质、危害程度、涉及范围，将突发公共卫生事件划分为特别重大（Ⅰ级）、重大（Ⅱ级）、较大（Ⅲ级）和一般（Ⅳ级）四级。其中，特别重大突发公共卫生事件主要包括：

1. 肺鼠疫、肺炭疽在大、中城市发生并有扩散趋势，或肺鼠疫、肺炭疽疫情波及 2 个以上省份，并有进一步扩散趋势。

2. 发生传染性非典型肺炎、人感染高致病性禽流感病例，并有扩散趋势。

3. 涉及多个省份的群体性不明原因疾病，并有扩散趋势。

4. 发生新传染病或我国尚未发现的传染病发生或传入，并有扩散趋势，或发现我国已消灭的传染病重新流行。

5. 发生烈性病菌株、毒株、致病因子等丢失事件。

6. 周边以及与我国通航的国家和地区发生特大传染病疫情，并出现输入性病例，严重危及我国公共卫生安全的事件。

7. 国务院卫生健康主管部门认定的其他特别重大突发公共卫生事件。

三、突发公共卫生事件应急方针和原则

《应急条例》规定，突发事件应急工作，应当遵循预防为主、常备不懈的方针，贯彻统一领导、分级负责、反应及时、措施果断、依靠科学、加强合作的原则。

（一）方针

1. 预防为主　这是我国卫生工作的基本方针和政策，也是最有效的控制突发公共卫生事件的方法。

在突发公共卫生事件中，通过加强突发公共卫生事件监测和预警、提高公众健康意识、加强传染病防控等预防措施，可以减少突发公共卫生事件的发生和传播。

2. 常备不懈 突发事件不能预测时间和地点，因此需要始终保持应急准备的状态。这包括定期进行演练和模拟演习，提高应急响应和处置能力；建立健全的应急预案和组织机构，确保在突发事件发生时能够迅速、有序地展开应对；加强人员培训和技能提升，提高应对突发事件的能力。

（二）原则

1. 预防为主，常备不懈 提高全社会对突发公共卫生事件的防范意识，落实各项防范措施，做好人员、技术、物资和设备的应急储备工作。对各类可能引发突发公共卫生事件的情况要及时进行分析、预警，做到早发现、早报告、早处理。

2. 统一领导，分级负责 根据突发公共卫生事件的性质、范围和危害程度，对突发公共卫生事件实行分级管理。各级人民政府负责突发公共卫生事件应急处理的统一领导和指挥，各有关部门按照预案规定，在各自的职责范围内做好突发公共卫生事件应急处理的有关工作。

3. 依法规范，措施果断 地方各级人民政府和卫生健康主管部门要按照相关法律、法规和规章的规定，完善突发公共卫生事件应急体系，建立健全系统、规范的突发公共卫生事件应急处理工作制度，对突发公共卫生事件和可能发生的公共卫生事件做出快速反应，及时、有效开展监测、报告和处理工作。

4. 依靠科学，加强合作 突发公共卫生事件应急工作要充分尊重和依靠科学，要重视开展防范和处理突发公共卫生事件的科研和培训，为突发公共卫生事件应急处理提供科技保障。各有关部门和单位要通力合作、资源共享，有效应对突发公共卫生事件。要广泛组织、动员公众参与突发公共卫生事件的应急处理。

第二节　突发公共卫生事件预防与应急准备

一、突发公共卫生事件应急预案

突发事件应急预案分为全国突发事件应急预案和省、自治区、直辖市突发事件应急预案。根据《应急条例》的规定，国务院卫生健康主管部门按照分类指导、快速反应的要求，制定全国突发事件应急预案，报请国务院批准；省、自治区、直辖市人民政府根据全国突发事件应急预案，结合本地实际情况，制定本行政区域的突发事件应急预案。突发事件应急预案应当根据突发事件的变化和实施中发现的问题及时进行修订、补充。

全国突发事件应急预案应当包括以下主要内容：①突发事件应急处理指挥部的组成和相关部门的职责；②突发事件的监测与预警；③突发事件信息的收集、分析、报告、通报制度；④突发事件应急处理技术和监测机构及其任务；⑤突发事件的分级和应急处理工作方案；⑥突发事件预防、现场控制，应急设施、设备、救治药品和医疗器械以及其他物资和技术的储备与调度；⑦突发事件应急处理专业队伍的建设和培训。

知识链接 --

国家公共卫生类突发公共事件专项应急预案

2006 年 2 月 26 日，国务院发布了四件公共卫生类突发公共事件专项应急预案，一是《国家突发公共卫生事件应急预案》，二是《国家突发公共事件医疗卫生救援应急预案》，三是《国家突发重大动物疫情应急预案》，四是《国家重大食品安全事故应急预案》。编制公共卫生类突发公共事件专项应急预案的目的是有效预防、及时控制和消除公共卫生事件及其危害，指导和规范相关应急处理工作，最大程度地减少对公众健康造成的危害，保障公众身心健康与生命财产安全。

二、预防控制体系

1. 建立突发事件监测预警机制

（1）地方各级人民政府应当依照法律、行政法规的规定，做好传染病预防和其他公共卫生工作，防范突发事件的发生。

（2）县级以上各级人民政府卫生健康主管部门和其他有关部门，应当对公众开展突发事件应急知识的专门教育，增强全社会对突发事件的防范意识和应对能力。

（3）国家建立统一的突发事件预防控制体系。县级以上地方人民政府应当建立和完善突发事件监测与预警系统。县级以上各级人民政府卫生健康主管部门，应当指定机构负责开展突发事件的日常监测，并确保监测与预警系统的正常运行。

（4）监测与预警工作应当根据突发事件的类别，制定监测计划，科学分析、综合评价监测数据。对早期发现的潜在隐患以及可能发生的突发事件，应当依照《应急条例》规定的报告程序和时限及时报告。

2. 应急准备

（1）国务院有关部门和县级以上地方人民政府及其有关部门，应当根据突发事件应急预案的要求，保证应急设施、设备、救治药品和医疗器械等物资储备。

（2）县级以上各级人民政府应当加强急救医疗服务网络的建设，配备相应的医疗救治药物、技术、设备和人员，提高医疗卫生机构应对各类突发事件的救治能力。

（3）设区的市级以上地方人民政府应当设置与传染病防治工作需要相适应的传染病专科医院，或者指定具备传染病防治条件和能力的医疗机构承担传染病防治任务。

（4）县级以上地方人民政府卫生健康主管部门，应当定期对医疗卫生机构和人员开展突发事件应急处理相关知识、技能的培训，定期组织医疗卫生机构进行突发事件应急演练，推广最新知识和先进技术。

第三节　突发公共卫生事件报告制度

国家建立突发事件应急报告制度。国务院卫生健康主管部门制定突发事件应急报告规范，建立重大、紧急疫情信息报告系统。

一、突发公共卫生事件应急报告

1. 应急报告情形　《应急条例》规定，有下列情形之一的，省、自治区、直辖市人民政府应当在接到报告 1 小时内，向国务院卫生健康主管部门报告：①发生或者可能发生传染病暴发、流行的；②发生或者发现不明原因的群体性疾病的；③发生传染病菌种、毒种丢失的；④发生或者可能发生重大食物和职业中毒事件的。

2. 应急报告时限　突发事件监测机构、医疗卫生机构和有关单位发现有需报告的突发公共卫生事件，应当在 2 小时内向所在地县级人民政府卫生健康主管部门报告；接到报告的卫生健康主管部门应当在 2 小时内向本级人民政府报告，并同时向上级人民政府卫生健康主管部门和国务院卫生健康主管部门报告。县级人民政府应当在接到报告后 2 小时内向设区的市级人民政府或者上一级人民政府报告；设区的市级人民政府应当在接到报告后 2 小时内向省、自治区、直辖市人民政府报告。国务院卫生健康主管部门对可能造成重大社会影响的突发事件，应当立即向国务院报告。

3. 应急报告要求 任何单位和个人对突发事件，不得隐瞒、缓报、谎报或者授意他人隐瞒、缓报、谎报。接到报告的地方人民政府、卫生健康主管部门依照本条例规定报告的同时，应当立即组织力量对报告事项调查核实、确证，采取必要的控制措施，并及时报告调查情况。

二、突发公共卫生事件通报

（1）国务院卫生健康主管部门应当根据发生突发事件的情况，及时向国务院有关部门和各省、自治区、直辖市人民政府卫生健康主管部门以及军队有关部门通报。

（2）突发事件发生地的省、自治区、直辖市人民政府卫生健康主管部门，应当及时向毗邻省、自治区、直辖市人民政府卫生健康主管部门通报。

（3）接到通报的省、自治区、直辖市人民政府卫生健康主管部门，必要时应当及时通知本行政区域内的医疗卫生机构。

（4）县级以上地方人民政府有关部门，已经发生或者发现可能引起突发事件的情形时，应当及时向同级人民政府卫生健康主管部门通报。

三、信息发布

国家建立突发事件的信息发布制度。国务院卫生健康主管部门负责向社会发布突发事件的信息。必要时，可以授权省、自治区、直辖市人民政府卫生健康主管部门向社会发布本行政区域内突发事件的信息。

信息发布应当及时、准确、全面。

第四节 突发公共卫生事件应急处理

一、应急预案的启动

突发卫生公共事件发生后，卫生健康主管部门应当组织专家对突发事件进行综合评估，初步判断突发事件的类型，提出是否启动突发事件应急预案的建议。在全国范围内或者跨省、自治区、直辖市范围内启动全国突发事件应急预案，由国务院卫生健康主管部门报国务院批准后实施。省、自治区、直辖市启动突发事件应急预案，由省、自治区、直辖市人民政府决定，并向国务院报告。

应急预案启动前，县级以上各级人民政府有关部门应当根据突发事件的实际情况，做好应急处理准备，采取必要的应急措施。应急预案启动后，突发事件发生地的人民政府有关部门，应当根据预案规定的职责要求，服从突发事件应急处理指挥部的统一指挥，立即到达规定岗位，采取有关的控制措施。医疗卫生机构、监测机构和科学研究机构，应当服从突发事件应急处理指挥部的统一指挥，相互配合、协作，集中力量开展相关的科学研究工作。

二、应急处理措施

国务院卫生健康主管部门对新发现的突发传染病，根据危害程度、流行强度，依照《中华人民共和国传染病防治法》的规定及时宣布为法定传染病；宣布为甲类传染病的，由国务院决定。

国务院有关部门和县级以上地方人民政府及其有关部门，应当保证突发事件应急处理所需的医疗救护设备、救治药品、医疗器械等物资的生产、供应；铁路、交通、民用航空行政主管部门应当保证及时运送。

根据突发事件应急处理的需要，突发事件应急处理指挥部有权紧急调集人员、储备的物资、交通工具以及相关设施、设备；必要时，对人员进行疏散或者隔离，并可以依法对传染病疫区实行封锁；根据突发事件应急处理的需要，可以对食物和水源采取控制措施。

县级以上地方人民政府卫生健康主管部门应当对突发事件现场等采取控制措施，宣传突发事件防治知识，及时对易受感染的人群和其他易受损害的人群采取应急接种、预防性投药、群体防护等措施。

三、政府及有关部门的职责

国务院卫生健康主管部门或者其他有关部门指定的专业技术机构，有权进入突发事件现场进行调查、采样、技术分析和检验，对地方突发事件的应急处理工作进行技术指导，有关单位和个人应当予以配合。

对新发现的突发传染病、不明原因的群体性疾病、重大食物和职业中毒事件，国务院卫生健康主管部门应当尽快组织力量制定相关的技术标准、规范和控制措施。

县级以上地方人民政府应当对突发事件发生地的传染病暴发、流行区域内流动人口做好预防工作，落实有关卫生控制措施；对传染病患者和疑似传染病患者，应当采取就地隔离、就地观察、就地治疗的措施。对需要治疗和转诊的，应当依照《应急条例》有关规定执行。

街道、乡镇以及居民委员会、村民委员会应当组织力量，团结协作，群防群治，协助卫生健康主管部门和其他有关部门、医疗卫生机构做好突发公共卫生事件信息的收集和报告、人员的分散隔离、公共卫生措施的落实工作，向居民、村民宣传传染病防治的相关知识。

四、医疗卫生机构的职责

医疗卫生机构应当对因突发事件致病的人员提供医疗救护和现场救援，对就诊患者必须接诊治疗，并书写详细、完整的病历记录；对需要转送的患者，应当按照规定将患者及其病历记录的复印件转送至接诊的或者指定的医疗机构。

医疗卫生机构内应当采取卫生防护措施，防止交叉感染和污染；对传染病患者密切接触者采取医学观察措施，传染病患者密切接触者应当予以配合。医疗机构收治传染病患者、疑似传染病患者，应当依法报告所在地的疾病预防控制机构。接到报告的疾病预防控制机构应当立即对可能受到危害的人员进行调查，根据需要采取必要的控制措施。

第五节　法律责任

一、政府及有关部门的法律责任

县级以上地方人民政府及其卫生健康主管部门未依照本条例的规定履行报告职责，对突发事件隐瞒、缓报、谎报或者授意他人隐瞒、缓报、谎报的，对政府主要领导人及其卫生健康主管部门主要负责人，依法给予降级或者撤职的行政处分；造成传染病传播、流行或者对社会公众健康造成其他严重危害后果的，依法给予开除的行政处分；构成犯罪的，依法追究刑事责任。

国务院有关部门、县级以上地方人民政府及其有关部门未依照本条例的规定，完成突发事件应急处理所需要的设施、设备、药品和医疗器械等物资的生产、供应、运输和储备的，对政府主要领导人和政府部门主要负责人依法给予降级或者撤职的行政处分；造成传染病传播、流行或者对社会公众健康造成其他严重危害后果的，依法给予开除的行政处分；构成犯罪的，依法追究刑事责任。

突发事件发生后，县级以上地方人民政府及其有关部门对上级人民政府有关部门的调查不予配合，或者采取其他方式阻碍、干涉调查的，对政府主要领导人和政府部门主要负责人依法给予降级或者撤职的行政处分；构成犯罪的，依法追究刑事责任。

县级以上各级人民政府卫生健康主管部门和其他有关部门在突发事件调查、控制、医疗救治工作中玩忽职守、失职、渎职的，由本级人民政府或者上级人民政府有关部门责令改正、通报批评、给予警告；对主要负责人、负有责任的主管人员和其他责任人员依法给予降级、撤职的行政处分；造成传染病传播、流行或者对社会公众健康造成其他严重危害后果的，依法给予开除的行政处分；构成犯罪的，依法追究刑事责任。

县级以上各级人民政府有关部门拒不履行应急处理职责的，由同级人民政府或者上级人民政府有关部门责令改正、通报批评、给予警告；对主要负责人、负有责任的主管人员和其他责任人员依法给予降级、撤职的行政处分；造成传染病传播、流行或者对社会公众健康造成其他严重危害后果的，依法给予开除的行政处分；构成犯罪的，依法追究刑事责任。

二、医疗卫生机构的法律责任

医疗卫生机构有下列行为之一的，由卫生健康主管部门责令改正、通报批评、给予警告；情节严重的，吊销《医疗机构执业许可证》；对主要负责人、负有责任的主管人员和其他直接责任人员依法给予降级或者撤职的纪律处分；造成传染病传播、流行或者对社会公众健康造成其他严重危害后果，构成犯罪的，依法追究刑事责任：①未依照《应急条例》的规定履行报告职责，隐瞒、缓报或者谎报的；②未依照《应急条例》的规定及时采取控制措施的；③未依照《应急条例》的规定履行突发事件监测职责的；④拒绝接诊患者的；⑤拒不服从突发事件应急处理指挥部调度的。

三、有关单位和个人的法律责任

在突发事件应急处理工作中，有关单位和个人未依照《应急条例》的规定履行报告职责，隐瞒、缓报或者谎报，阻碍突发事件应急处理工作人员执行职务，拒绝国务院卫生健康主管部门或者其他有关部门指定的专业技术机构进入突发事件现场，或者不配合调查、采样、技术分析和检验的，对有关责任人员依法给予行政处分或者纪律处分；触犯《中华人民共和国治安管理处罚法》，构成违反治安管理行为的，由公安机关依法予以处罚；构成犯罪的，依法追究刑事责任。

在突发事件发生期间，散布谣言、哄抬物价、欺骗消费者、扰乱社会秩序、市场秩序的，由公安机关或者工商行政管理部门依法给予行政处罚；构成犯罪的，依法追究刑事责任。

✏️ 练习题

答案解析

一、单项选择题

1. 突发事件应急工作应当遵循的方针是（　　）

　　A. 统一领导，分级负责　　　　　　　　B. 预防为主，常备不懈

C. 反应及时，措施果断　　　　　　　D. 依靠科学，加强合作

2. 机构负责设立全国突发事件应急处理指挥部是指（　）

　　A. 国务院有关部门　　　　　　　　B. 国务院

　　C. 军队有关部门　　　　　　　　　D. 国务院卫生健康主管部门

3. 在突发公共卫生事件的处理方面，下列哪项不属于卫生健康主管部门的职责（　）

　　A. 组织突发事件的调查　　　　　　B. 组织突发事件的控制

　　C. 组织突发事件的医疗救治　　　　D. 领导指挥突发事件应急处理工作

4. 全国突发公共卫生事件应急预案应由（　）

　　A. 国家卫生健康委员会制定，国务院批准

　　B. 国家卫生健康委员会制定发布

　　C. 国务院制定

　　D. 国务院有关部门制定

5. 突发公共卫生事件的信息由哪个部门发布（　）

　　A. 国务院　　　　　　　　　　　　B. 卫生部门

　　C. 中央宣传部　　　　　　　　　　D. 省政府

二、简答题

1. 什么是突发公共卫生事件？

2. 突发事件应急预案应当包括哪些内容？

（王　丹）

书网融合……

本章小结　　　　　　　微课　　　　　　　题库

第十一章 母婴保健法律制度

PPT

学习目标

知识目标

1. 掌握母婴保健法的概念及法律体系。
2. 熟悉母婴保健服务法律法规规定及要求。
3. 了解违反母婴保健法律制度应承担的法律责任。

能力目标

通过对母婴保健法律制度的学习，能运用相关法律制度，把握婚前保健、孕产期保健、婴儿保健的要求，具备依法开展母婴保健服务能力。

素质目标

通过学习母婴保健管理相关的法律制度，树立法治至上的理念，提高法治素养。

情境：张某怀孕后一直在某医院接受定期产检并分别进行了4次超声检查，均未发现异常。后张某在该医院成功分娩产下一名婴儿，婴儿出生时存有右前臂缺失畸形。张某认为医院在产前检查未能发现婴儿畸形，遂向法院提起诉讼。

思考：

1. 孕产期保健服务包括哪些内容？
2. 结合本案实际，医院是否要承担责任？

解析

母婴保健是为母亲和婴儿提供医疗保健服务，以保障母亲和婴儿健康，提高出生人口素质的活动。母婴保健包括婚前保健、孕产期保健、婴儿保健、母婴保健技术鉴定等内容。国家高度重视并发展母婴保健事业，为母婴保健事业提供必要条件和物质帮助，使母亲和婴儿获得医疗保健服务。

第一节 概　述

一、母婴保健法的概念

母婴保健法是调整在保障母亲和婴儿健康，提高出生人口素质活动中所产生的各种社会关系的法律规范的总称。我国母婴保健工作实行以保健为中心，以保障生殖健康为目的，实行保健和临床相结合，面向群体、面向基层和预防为主的工作方针。在中华人民共和国境内从事母婴保健服务活动的机构及其人员应当遵守母婴保健法律制度。

母婴保健技术服务主要包括下列事项：①有关母婴保健的科普宣传、教育和咨询；②婚前医学检查；③产前诊断和遗传病诊断；④助产技术；⑤实施医学上需要的节育手术；⑥新生儿疾病筛查；⑦有关生育、节育、不育的其他生殖保健服务。公民享有母婴保健的知情选择权，国家保障公民获得适宜的母婴保健服务的权利。

二、母婴保健立法

为了保障妇女儿童权益，保护妇女儿童身心健康，《宪法》《民法典》等法律中规定了保护妇女儿童专门条款。1994年10月27日第八届全国人民代表大会常务委员会第十次会议通过了《中华人民共和国母婴保健法》（以下称《母婴保健法》），1995年6月1日起施行，2009年8月27日第十一届全国人民代表大会常务委员会第十次会议第一次修正，2017年11月4日第十二届全国人民代表大会常务委员会第三十次会议第二次修正。根据《母婴保健法》，国务院于2001年6月20日发布并实施了《中华人民共和国母婴保健法实施办法》（以下称《母婴保健法实施办法》），2023年7月20日《国务院关于修改和废止部分行政法规的决定》第三次修订，自公布之日起施行。

此外，国务院卫生健康主管部门先后颁布了《婚前保健工作规范（修订）》《产前诊断技术管理办法》《新生儿疾病筛查管理办法》《禁止非医学需要的胎儿性别鉴定和选择性别人工终止妊娠的规定》等规范性文件，与地方性母婴保健规范性文件共同构成了母婴保健法律体系。

我国《母婴保健法》有总则、婚前保健、孕产期保健、技术鉴定、行政管理、法律责任、附则七章共三十九条，是我国母婴保健工作的重要立法。国务院卫生健康主管部门主管全国母婴保健工作，根据不同地区情况提出分级分类指导原则，并对全国母婴保健工作实施监督管理。国务院其他有关部门在各自职责范围内，配合卫生健康主管部门做好母婴保健工作。国家鼓励、支持母婴保健领域的教育和科学研究，推广先进、实用的母婴保健技术，普及母婴保健科学知识。

第二节　婚前保健

医疗保健机构应当为公民提供婚前保健服务。婚前保健服务是对准备结婚的男女双方，在结婚登记前所进行的婚前卫生指导、婚前卫生咨询服务和婚前医学检查。

一、婚前保健服务内容

1. 婚前卫生指导　是指关于性卫生知识、生育知识和遗传病知识的教育。具体包括：①有关性卫生的保健和教育；②新婚避孕知识及计划生育指导；③受孕前的准备、环境和疾病对后代影响等孕前保健知识；④遗传病的基本知识；⑤影响婚育的有关疾病的基本知识；⑥其他生殖健康知识。

2. 婚前卫生咨询　指对有关婚配、生育保健等问题提供医学意见。医师进行婚前卫生咨询时，应当为服务对象提供科学的信息，对可能产生的后果进行指导，并提出适当的建议。

3. 婚前医学检查　指对准备结婚的男女双方可能患影响结婚和生育的疾病进行医学检查。婚前医学检查包括对下列疾病的检查：①严重遗传性疾病；②指定传染病；③有关精神病。

二、婚前医学检查

1. 婚前医学检查证明　婚前医学检查包括询问病史、体格及相关检查。婚前医学检查应当遵守婚前保健工作规范并按照婚前医学检查项目进行。经婚前医学检查，医疗保健机构应当出具婚前医学检查证明。婚前医学检查证明应当列明是否发现以下疾病：①在传染期内的指定传染病，如《中华人民共和国传染病防治法》中规定的艾滋病、淋病、梅毒，以及医学上认为影响结婚和生育的其他传染病。②在发病期内的有关精神病，精神分裂症、躁狂抑郁型精神病以及其他重型精神病。③不宜生育的严重遗传性疾病，由于遗传因素先天形成，患者全部或部分丧失自主生活能力，子代再现风险高，医学上认为不宜生育的疾病。④医学上认为不宜结婚的其他疾病，如重要脏器疾病和生殖系统疾病等。

2. 婚前医学检查意见　经婚前医学检查，对患指定传染病在传染期内或者有关精神病在发病期内的，医师应当提出医学意见，准备结婚的男女双方应当暂缓结婚。对诊断患医学上认为不宜生育的严重遗传性疾病的，医师应当向男女双方说明情况，提出医学意见，经男女双方同意，采取长效避孕措施或者施行结扎手术后不生育的，可以结婚。但《中华人民共和国婚姻法》规定禁止结婚的除外。

3. 医学鉴定　接受婚前医学检查的人员对检查结果持有异议的，可以申请医学技术鉴定，取得医学鉴定证明。经婚前医学检查，医疗、保健机构不能确诊的，应当转到设区的市级以上人民政府卫生健康主管部门指定的医疗、保健机构确诊。

婚前检查

婚前检查十分重要。通过婚检，有利于夫妻双方和下一代的健康。通过婚前全面的体检，可以发现一些异常情况和疾病，从而达到及早诊断、积极矫治的目的。通过家族史的询问、家系的调查、家谱的分析，结合体检所得，医生可对某些遗传缺陷作出明确诊断，并根据其传递规律，推算出"影响下一代优生"的风险程度，从而帮助结婚双方制定婚育决策，以减少或避免不适当的婚配和遗传病儿的出生。婚检不仅仅是一项健康检查，更重要的是向人们传播有关婚育健康的知识，进行健康婚育指导。比如，医疗保健机构会向准夫妻播放婚前医疗卫生知识、婚后计划生育等方面的宣传片，发放宣传材料，开展有关咨询和指导等。

第三节　孕产期保健

医疗保健机构应当为育龄妇女和孕产妇提供孕产期保健服务，具体包括为育龄妇女提供有关避孕、节育、生育、不育和生殖健康的咨询和医疗保健服务。

一、孕产期保健服务内容

1. 母婴保健指导　是指对孕育健康后代以及严重遗传性疾病和碘缺乏病等地方病的发病原因、治疗和预防方法提供医学意见。

2. 孕妇、产妇保健　指为孕妇、产妇提供卫生、营养、心理等方面的咨询和指导以及产前定期检查等医疗保健服务。具体包括：①为孕产妇建立保健手册（卡），定期进行产前检查；②为孕产妇提供卫生、营养、心理等方面的医学指导与咨询；③对高危孕妇进行重点监护、随访和医疗保健服务；④为孕产妇提供安全分娩技术服务；⑤定期进行产后访视，指导产妇科学喂养婴儿；⑥提供避孕咨询指导和技术服务；⑦对产妇及其家属进行生殖健康教育和科学育儿知识教育；⑧其他孕产期保健服务。

3. 胎儿保健　是医疗保健机构为胎儿生长发育进行监护，提供咨询和医学指导。

4. 新生儿保健　是医疗保健机构为新生儿生长发育、哺乳和护理提供医疗保健服务。

5. 医学指导和医学意见

（1）医学指导　对患严重疾病或者接触致畸物质，妊娠可能危及孕妇生命安全或者可能严重影响孕妇健康和胎儿正常发育的，医疗保健机构应当予以医学指导。

（2）医学检查　医疗、保健机构发现孕妇患有下列严重疾病或者接触物理、化学、生物等有毒、有害因素，可能危及孕妇生命安全或者可能严重影响孕妇健康和胎儿正常发育的，应当对孕妇进行医学指导和下列必要的医学检查：①严重的妊娠合并症或者并发症；②严重的精神性疾病；③国务院卫生健康主管部门规定的严重影响生育的其他疾病。

（3）医学意见　医师对发现或者怀疑患严重遗传性疾病的育龄夫妻，应当提出医学意见。育龄夫妻应当根据医师的医学意见采取相应的措施。生育过严重遗传性疾病或者严重缺陷患儿的，再次妊娠前，夫妻双方应当按照国家有关规定到医疗、保健机构进行医学检查。医疗、保健机构应当向当事人介绍有关遗传性疾病的知识，给予咨询、指导。对诊断患有医学上认为不宜生育的严重遗传性疾病的，医师应当向当事人说明情况，并提出医学意见。

二、产前诊断

为保障母婴健康，提高出生人口素质，保证产前诊断技术的安全、有效，规范产前诊断技术的监督管理，依据《母婴保健法》以及《母婴保健法实施办法》，2002年我国制定了《产前诊断技术管理办法》，自2003年5月1日起施行，2019年2月28日进行了修订。

（一）产前诊断概述

产前诊断，是指对胎儿进行先天性缺陷和遗传性疾病的诊断，包括相应筛查。产前诊断技术项目包括遗传咨询、医学影像、生化免疫、细胞遗传和分子遗传等。产前诊断技术的应用应当以医疗为目的，符合国家有关法律规定和伦理原则，由经资格认定的医务人员在经许可的医疗保健机构中进行。医疗保健机构和医务人员不得实施任何非医疗目的的产前诊断技术。

（二）产前诊断管理

1. 分级管理　国家卫生健康委制定开展产前诊断技术医疗保健机构的基本条件和人员条件；颁布有关产前诊断的技术规范；指定国家级开展产前诊断技术的医疗保健机构；对全国产前诊断技术应用进行质量管理和信息管理；对全国产前诊断专业技术人员的培训进行规划。省、自治区、直辖市人民政府卫生健康主管部门（以下简称省级卫生健康主管部门）根据当地实际，因地制宜地规划、审批或组建本行政区域内开展产前诊断技术的医疗保健机构；对从事产前诊断技术的专业人员进行系统培训和资格认定；对产前诊断技术应用进行质量管理和信息管理。县级以上人民政府卫生健康主管部门负责本行政区域内产前诊断技术应用的日常监督管理。

2. 机构管理　申请开展产前诊断技术的医疗保健机构应符合下列所有条件：①设有妇产科诊疗科目；②具有与所开展技术相适应的卫生专业技术人员；③具有与所开展技术相适应的技术条件和设备；④设有医学伦理委员会；⑤符合开展产前诊断技术医疗保健机构的基本条件及相关技术规范。

3. 人员管理　从事产前诊断的卫生专业技术人员应符合以下所有条件：①从事临床工作的，应取得执业医师资格；②从事医技和辅助工作的，应取得相应卫生专业技术职称；③符合从事产前诊断卫生专业技术人员的基本条件；④经省级卫生健康主管部门考核合格，取得从事产前诊断的《母婴保健技术考核合格证书》或者《医师执业证书》中加注母婴保健技术（产前诊断类）考核合格的。从事产前诊断的人员不得在未许可开展产前诊断技术的医疗保健机构中从事相关工作。

（三）产前诊断实施

1. 知情选择　对一般孕妇实施产前筛查以及应用产前诊断技术坚持知情选择。孕妇自行提出进行产前诊断的，经治医师可根据其情况提供医学咨询，由孕妇决定是否实施产前诊断技术。

2. 产前诊断 经产前检查，医师发现或者怀疑胎儿异常的，应当对孕妇进行产前诊断。孕妇有下列情形之一的，医师应当对其进行产前诊断：①羊水过多或者过少的；②胎儿发育异常或者胎儿有可疑畸形的；③孕早期接触过可能导致胎儿先天缺陷的物质的；④有遗传病家族史或者曾经分娩过先天性严重缺陷婴儿的；⑤初产妇年龄超过 35 周岁的。开展产前检查、助产技术的医疗保健机构在为孕妇进行早孕检查或产前检查时，遇到上述所列情形的孕妇，应当进行有关知识的普及，提供咨询服务，并以书面形式如实告知孕妇或其家属，建议孕妇进行产前诊断。

3. 产前诊断报告 开展产前诊断技术的医疗保健机构出具的产前诊断报告，应当由 2 名以上经资格认定的执业医师签发。对于产前诊断技术及诊断结果，经治医师应本着科学、负责的态度，向孕妇或家属告知技术的安全性、有效性和风险性，使孕妇或家属理解技术可能存在的风险和结果的不确定性。

4. 终止妊娠 在发现胎儿异常的情况下，经治医师必须将继续妊娠和终止妊娠可能出现的结果以及进一步处理意见，以书面形式明确告知孕妇，由孕妇夫妻双方自行选择处理方案，并签署知情同意书。若孕妇缺乏认知能力，由其近亲属代为选择。涉及伦理问题的，应当交医学伦理委员会讨论。

经产前诊断，有下列情形之一的，医师应当向夫妻双方说明情况，并提出终止妊娠的医学意见：①胎儿患严重遗传性疾病的；②胎儿有严重缺陷的；③因患严重疾病，继续妊娠可能危及孕妇生命安全或者严重危害孕妇健康的。开展产前诊断技术的医疗保健机构对经产前诊断后终止妊娠娩出的胎儿，在征得其家属同意后，进行尸体病理学解剖及相关的遗传学检查。

三、医学技术鉴定

1. 医学技术鉴定组织 县级以上地方人民政府可以设立医学技术鉴定组织，负责对婚前医学检查、遗传病诊断和产前诊断结果有异议的进行医学技术鉴定。

2. 医学技术鉴定人员 从事医学技术鉴定的人员，必须具有临床经验和医学遗传学知识，并具有主治医师以上的专业技术职务。母婴保健医学技术鉴定委员会进行医学鉴定时须有 5 名以上相关专业医学技术鉴定委员会成员参加。

3. 医学技术鉴定程序 当事人对婚前医学检查、遗传病诊断、产前诊断结果有异议，需要进一步确诊的，可以自接到检查或者诊断结果之日起 15 日内向所在地县级或者设区的市级母婴保健医学技术鉴定委员会提出书面鉴定申请。

母婴保健医学技术鉴定委员会应当自接到鉴定申请之日起 30 日内作出医学技术鉴定意见，并及时通知当事人。鉴定委员会成员应当在鉴定结论上署名。不同意见应当如实记录。鉴定委员会根据鉴定结论向当事人出具鉴定意见书。

当事人对鉴定意见有异议的，可以自接到鉴定意见通知书之日起 15 日内向上一级母婴保健医学技术鉴定委员会申请再鉴定。

4. 医学技术鉴定回避制度 凡与当事人有利害关系，可能影响公正鉴定的人员，应当回避。

5. 严禁采用技术手段对胎儿进行性别鉴定 开展产前诊断技术的医疗保健机构不得擅自进行胎儿的性别鉴定。对怀疑胎儿可能为伴性遗传病，需要进行性别鉴定的，由省、自治区、直辖市人民政府卫生健康主管部门指定的医疗保健机构按照有关规定进行鉴定。

第四节　婴儿保健

一、婴儿保健的概念

婴儿保健是为保护和增进婴儿健康，医疗保健机构所采取的系统检查、监护、保健指导等服务。根据我国《母婴保健法》和《母婴保健法实施办法》的规定，医疗保健机构应当对新生儿进行疾病筛查、健康检查、预防接种、育儿喂养指导等医疗保健服务。

二、婴儿保健服务内容

1. 新生儿疾病筛查

（1）新生儿疾病筛查概述　新生儿疾病筛查是指医疗保健机构在新生儿期对严重危害新生儿健康的先天性、遗传性疾病施行专项检查，提供早期诊断和治疗的母婴保健技术。新生儿疾病筛查是提高出生人口素质，减少出生缺陷的预防措施之一。为规范新生儿疾病筛查的管理，保证新生儿疾病筛查工作质量，依据《母婴保健法》《母婴保健法实施办法》《新生儿疾病筛查管理办法》等法律法规规定，医疗保健机构应当按照国家有关规定开展新生儿先天性、遗传性代谢病筛查、诊断、治疗和监测。

（2）新生儿疾病筛查内容和程序　全国新生儿疾病筛查病种包括先天性甲状腺功能减退症、苯丙酮尿症等新生儿遗传代谢病和听力障碍。新生儿遗传代谢病筛查程序包括血片采集、送检、实验室检测、阳性病例确诊和治疗。新生儿听力筛查程序包括初筛、复筛、阳性病例确诊和治疗。

（3）新生儿疾病筛查遵循自愿和知情选择的原则　医疗机构在实施新生儿疾病筛查前，应当将新生儿疾病筛查的项目、条件、方式、灵敏度和费用等情况如实告知新生儿的监护人，并取得签字同意。

2. 新生儿健康检查　医疗保健机构应当按照规定进行新生儿访视，建立儿童保健手册（卡），定期对其进行健康检查，提供有关预防疾病、合理膳食、促进智力发育等科学知识，做好婴儿多发病、常见病防治等医疗保健服务。

3. 预防接种　医疗、保健机构应当按照规定的程序和项目对婴儿进行预防接种。婴儿的监护人应当保证婴儿及时接受预防接种。

4. 育儿指导　医疗保健机构为产妇提供科学育儿、合理营养和母乳喂养的指导。国家推行母乳喂养。医疗、保健机构应当为实施母乳喂养提供技术指导，为住院分娩的产妇提供必要的母乳喂养条件。医疗、保健机构不得向孕产妇和婴儿家庭宣传、推荐母乳代用品。母乳代用品产品包装标签应当在显著位置标明母乳喂养的优越性。

母乳代用品生产者、销售者不得向医疗、保健机构赠送产品样品或者以推销为目的有条件地提供设备、资金和资料。

第五节　监督管理与法律责任

一、监督管理

各级人民政府应当采取措施，加强母婴保健工作，提高医疗保健服务水平，积极防治由环境因素所致严重危害母亲和婴儿健康的地方性高发性疾病，促进母婴保健事业的发展。

1. 组织机构　县级以上地方人民政府卫生健康主管部门负责本行政区域内的母婴保健监督管理工作，履行下列监督管理职责：①依照《母婴保健法》和《母婴保健法实施办法》以及国务院卫生健康主管部门规定的条件和技术标准，对从事母婴保健工作的机构和人员实施许可，并核发相应的许可证书；②对《母婴保健法》和《母婴保健法实施办法》的执行情况进行监督检查；③对违反《母婴保健法》和《母婴保健法实施办法》的行为，依法给予行政处罚；④负责母婴保健工作监督管理的其他事项。

省、自治区、直辖市人民政府卫生健康主管部门指定的医疗保健机构负责本行政区域内的母婴保健监测和技术指导。

2. 母婴保健机构管理 医疗保健机构按照国务院卫生健康主管部门的规定，负责其职责范围内的母婴保健工作，建立医疗保健工作规范，提高医学技术水平，采取各种措施方便人民群众，做好母婴保健服务工作。医疗保健机构依照法律法规规定开展婚前医学检查、遗传病诊断、产前诊断以及施行结扎手术和终止妊娠手术的，必须符合国务院卫生健康主管部门规定的条件和技术标准，并经县级以上地方人民政府卫生健康主管部门许可。

3. 母婴保健人员管理

（1）母婴保健人员资格 从事遗传病诊断、产前诊断的人员，必须经过省、自治区、直辖市人民政府卫生健康主管部门的考核，并取得相应的合格证书。从事婚前医学检查、施行结扎手术和终止妊娠手术的人员，必须经过县级以上地方人民政府卫生健康主管部门的考核，并取得相应的合格证书。

（2）人员培训和考核 医疗、保健机构应当根据其从事的业务，配备相应的人员和医疗设备，对从事母婴保健工作的人员加强岗位业务培训和职业道德教育，并定期对其进行检查、考核。医师和助产人员（包括家庭接生人员）应当严格遵守有关技术操作规范，认真填写各项记录，提高助产技术和服务质量。助产人员的管理，按照国务院卫生健康主管部门的规定执行。从事母婴保健工作的人员应当严格遵守职业道德，为当事人保守秘密。

二、法律责任

1. 擅自从事母婴保健技术服务法律责任 未取得国家颁发的有关合格证书的，有下列行为之一，县级以上地方人民政府卫生健康主管部门应当予以制止，并可以根据情节给予警告或者处以罚款：①从事婚前医学检查、遗传病诊断、产前诊断或者医学技术鉴定的；②施行终止妊娠手术的；③出具母婴保健法律法规规定的有关医学证明的。违法出具的有关医学证明无效。

医疗、保健机构或者人员未取得母婴保健技术许可，擅自从事婚前医学检查、遗传病诊断、产前诊断、终止妊娠手术和医学技术鉴定或者出具有关医学证明的，由卫生健康主管部门给予警告，责令停止违法行为，没收违法所得；违法所得 5000 元以上的，并处违法所得 3 倍以上 5 倍以下的罚款；没有违法所得或者违法所得不足 5000 元的，并处 5000 元以上 2 万元以下的罚款。

未取得国家颁发的有关合格证书，施行终止妊娠手术或者采取其他方法终止妊娠，致人死亡、残疾、丧失或者基本丧失劳动能力的，依照刑法有关规定追究刑事责任。

2. 出具有关虚假医学证明的法律责任 从事母婴保健技术服务的人员出具虚假医学证明文件的，依法给予行政处分。有下列情形之一的，由原发证部门撤销相应的母婴保健技术执业资格或者医师执业证书：①因延误诊治，造成严重后果的；②给当事人身心健康造成严重后果的；③造成其他严重后果的。

3. 非法进行胎儿性别鉴定的法律责任 违反法律法规进行胎儿性别鉴定的，由卫生健康主管部门给予警告，责令停止违法行为；对医疗、保健机构直接负责的主管人员和其他直接责任人员，依法给予行政处分。进行胎儿性别鉴定两次以上的或者以营利为目的进行胎儿性别鉴定的，并由原发证机关撤销相应的母婴保健技术执业资格或者医师执业证书。

答案解析

练习题

一、单项选择题

1. 经产前检查，医师发现或者怀疑胎儿异常的，应当对孕妇进行（ ）

    A. 产前诊断
    B. 产妇保健

    C. 孕妇保健
    D. 胎儿保健

2. 下列各项中，不属于法律中规定的婴儿保健服务内容的为（ ）

    A. 预防接种
    B. 新生儿疾病筛查

    C. 婴儿重症防治
    D. 体格检查

3. 从事母婴保健技术服务工作的王医生，出具了一份虚假医学证明，给相关当事人身心健康造成严重后果，王医生应当承担何种法律责任（ ）

    A. 罚款
    B. 取消医师执业资格

    C. 降职
    D. 警告

4. 婚前保健服务内容不包括（ ）

    A. 婚前卫生指导
    B. 婚前卫生咨询

    C. 婚前医学检查
    D. 孕产期保健

5. 青年张某在婚前医学检查中发现患有淋病，按照《母婴保健法》的规定，张某（ ）

    A. 可以结婚，但不能生育
    B. 可以结婚，治愈后可生育

    C. 不能结婚
    D. 应当暂缓结婚

二、简答题

1. 孕产期保健服务内容有哪些？

2. 请根据本章所学知识，讲述违反母婴保健法的责任。

（凌　敏）

书网融合……

本章小结   微课   题库

第十二章　血液管理法律制度

PPT

情境导入

情境：某医院 ICU 李主任值班的时候曾遇到过输错血的案例。有一天，一位年轻护士在给患者输血时看错床位，恰好李主任正巡视这些特殊治疗的患者，当看到血袋上的血型和印象中该患者的血型不一致时，立刻向年轻护士提出疑虑，让她重新检查患者的血型。护士立刻关了输液器，拿出患者病历，核对后发现确实有误，将 3 床的血用到了 5 床。幸好李主任发现及时，血还在输血器里，不然后果将不堪设想。

思考：临床用血的要求有哪些？

解析

血液是流动在人体血管和心脏中的一种红色不透明的黏稠液体。血液由血浆和血细胞组成，血液中含有各种营养成分，如无机盐、氧以及细胞代谢产物、激素、酶和抗体等，有营养组织、调节器官活动和防御有害物质的作用。血液的功能包含血细胞功能和血浆功能两部分。血液储存着人体健康信息，很多疾病需要检验血液，包括遗传性疾病。

第一节　概　述

一、血液的概念

血液由血浆和血细胞构成，在人体生命活动中具有运输、体液调节、内环境稳定、调节体温、维持组织的兴奋性及防御外界有害因素的入侵而保持身体健康的功能，对维持生命起重要作用。

二、献血和临床用血立法

自 1900 年人类红细胞 ABO 血型系统被发现，输血理论创立后，输血已成为现代医疗的重要手段，它在临床医学领域中为拯救生命、治疗疾病发挥着其他药物不可替代的重要作用。临床治疗、急救等需要的用血只能依靠健康公民的血液捐献来解决。

为保证临床用血的需要和安全，保障献血者和用血者的身体健康，1997 年 12 月 29 日，第八届全国人大常委会第二十九次会议修订通过了《中华人民共和国献血法》（以下简称《献血法》），自 1998 年 10 月 1 日起施行。

原卫生部根据《献血法》先后制定发布了《血站管理办法》《医疗机构临床用血管理办法》《临床输血技术规范》《脐带血造血干细胞库管理办法（实行）》《采供血机构设置规划指导原则》等配套规章和规范性文件。2011 年，卫生部、国家标准化管理委员会发布了《献血者健康检查要求》国家标准。为发扬人道主义精神，推动我国无偿献血事业的进一步发展，2014 年 5 月，国家卫生计生委、中国红十字会总会、总后勤部卫生部联合印发了《全国无偿献血表彰奖励办法（2014 年修订）》。

从 2020 年起，国家卫健委按照世界卫生组织《安全血液和血液制品》要求，加强了对血液工作的管理和监督，确立了国家血液工作要点，即要求建立组织完善的、国家协调的输血服务机构；要从来自低风险人群的定期的、自愿无偿的献血者采集血液；对所有采集血液进行输血传播性疾病监测、血液定型和配合性试验；血液在临床的合理使用，深入实施采供血机构全面质量管理项目，加强血站实验室建设和临床用血管理，确保血液安全。

第二节　无偿献血

一、无偿献血的概念

无偿献血，是指公民在无报酬的情况下，自愿捐献自身血液的行为。《献血法》规定，我国实行无偿献血制度，无偿献血者的血液传播艾滋病病毒和肝炎病毒的概率是最低的，而且，无偿献血者作为固定的血液捐献者，可以使临床用血获得安全、稳定的血液来源。积极推行无偿献血无疑是血液安全的基础和保障。

《献血法》规定，对无偿献血者，发给国务院卫生健康主管部门制作的无偿献血证书，有关单位可以给予适当补贴。"适当补贴"原则上指少量的、必要的误餐、交通费等费用。目前我国的无偿献血包括单位计划无偿献血和公民自愿无偿献血。单位计划无偿献血是指献血者（有组织的群体或散在的个人），定期参加本单位或者本地区组织的无偿献血活动的行为。单位计划无偿献血者作为义务献血者，在献血后可获得一定金额的营养补助费。公民自愿无偿献血是指献血者出于自愿提供自身的血液、血浆或者其他血液成分而不取任何报酬的行为。公民自愿无偿献血在采血单位和本人工作单位均不领取营养费、各种补助和其他报酬。

二、无偿献血的对象

《献血法》规定，国家提倡 18 ~ 55 周岁的健康公民自愿献血。根据《献血者健康检查要求》，既往无献血反应、符合健康检查要求的多次献血者主动要求再次献血的，年龄可延长至 60 周岁。

此外，《献血法》第七条规定："国家鼓励国家工作人员、现役军人和高等学校在校学生率先献血，为树立社会新风尚作表率。"这里所指的国家工作人员包括国家的行政机关、司法机关的国家干部和按国家工作人员管理的人员。依法鼓励这部分人率先献血，是保证献血法顺利实施，避免医疗临床用血发生短缺，带动全社会树立救死扶伤的社会新风尚的有力措施。无偿献血者在无偿献血后有受表彰奖励的权利，本单位或血站可以给予献血者适当补贴，各级人民政府和红十字会对积极参加献血和在献血中作出显著成绩的单位和个人给予奖励；当无偿献血者本人及其直系亲属在医疗用血时，可免费使用其无偿献血等量或几倍的血液；献血者参加献血时，可享受免费体检、化验的待遇且应当保护献血者的个人隐私。

三、无偿献血的用途

无偿献血的最终目的是将血液应用于临床，以挽救伤病者的生命，维护其健康。《献血法》规定，无偿献血的血液必须用于临床，不得买卖。血站、医疗机构不得将无偿献血的血液出售给单采血浆站或者血液制品生产单位。

四、无偿献血的管理

地方各级人民政府领导本行政区域内的献血工作，统一规划并负责组织、协调有关部门共同做好献血工作。县级以上各级人民政府卫生健康主管部门监督管理献血。各级红十字会依法参与、推动献血工作。

《献血法》第五条规定："各级人民政府采取措施广泛宣传献血的意义，普及献血的科学知识，开展预防和控制经血液途径传播的疾病的教育。新闻媒介应当开展献血的社会公益性宣传。"各级人民政府应采取多种形式宣传，普及献血常识，使广大公民掌握献血对身体无害的卫生知识，把无偿献血看成是自己应尽的人道主义义务，是救死扶伤献爱心的善举，提高公民无偿献血的自觉性。

知识链接 --

世界献血日

2020年6月2日，为鼓励更多的人无偿献血，宣传和促进全球血液安全规划的实施，世界卫生组织（WHO）、红十字会与红新月会国际联合会（IFRC）、国际献血组织联合会（IFBDO）国际输血协会（ISBT）。2004年6月14日定为第一个世界献血日。

第三节 采血与供血的法律规定

在我国，采血与供血的单位是血站。《献血法》第五条规定：血站是采集、提供临床用血的机构，是不以营利为目的的公益性组织。

一、血站的概念

血站，是指采集、提供临床用血的机构，是不以营利为目的的公益性卫生机构。血站是连接献血者和用血者的桥梁。各级政府应当把血站的事业经费和人员经费纳入政府的财政统筹安排，保证其正常、健康运转。血站作为专业性、责任心很强的社会公益性机构，必须以全部精力为公民用血和健康服务，在地方各级政府的支持和管理下依法做好采集、提供临床用血的工作。

二、血站的类型

在我国，血站分为一般血站和特殊血站。一般血站包括血液中心、中心血站和中心血库。特殊血站包括脐带血造血干细胞库和国务院卫生健康主管部门根据医学发展需要批准、设置的其他类型血库。

三、血站的设置、审批和管理

1. 血站的设置 国务院卫生健康主管部门根据全国医疗资源配置、临床用血需求，制定全国采血机构设置规划指导原则，并负责全国血站建设规划的指导。省、自治区、直辖市人民政府卫生健康主管部门根据国务院卫生健康主管部门制定的全国采供血机构设置规划指导原则，结合本行政区域人口、医疗资源、临床用血需求等实际情况和当地区域卫生发展规划，制定本行政区域血站设置规划，报同级人民政府批准，并报国务院卫生健康主管部门备案。

2. 血站的审批 省、自治区、直辖市人民政府卫生健康主管部门依据采供血机构设置规划批准设置血站，并报国务院卫生健康主管部门备案。

3. 血站的管理 血站的管理包括血站的执业许可及监督管理。

（1）血站的执业许可 血站开展采供血活动，应当向所在省、自治区、直辖市人民政府卫生健康主管部门申请办理执业登记，取得《血站执业许可证》。没有取得《血站执业许可证》的，不得开展采供血活动。《血站执业许可证》有效期为三年。有效期满前三个月，血站应当办理再次执业登记。

（2）血站的监督管理 县级以上人民政府卫生健康主管部门对辖区内血站采供血活动进行监督管理；各级人民政府卫生健康主管部门应当建立血站监督管理的举报、投诉机制。

四、采血管理和供血管理

血站开展采供血业务应当实行全面质量管理，严格遵守《中国输血技术操作规程》《血站质量管理规范》和《血站实验室质量管理规范》等技术规范和标准，制定血液采集、制备、供应计划，保障临床用血安全、及时、有效。

（一）采血管理

血站开展献血者招募，应当为献血者提供安全、卫生、便利的条件和良好的服务。

1. 健康检查 血站对献血者必须免费进行必要的健康检查；身体状况不符合献血条件的，血站应当向其说明情况，不得采集血液。献血者的身体健康条件由国务院卫生健康主管部门规定。

2. 告知义务 血站采集血液应当遵循自愿和知情同意的原则，并对献血者履行规定的告知义务。

3. 采集血液量和间隔 血站对献血者每次采集血液量一般为200ml，最多不得超过400ml，两次采集间隔期不少于6个月。严格禁止血站违反前款规定对献血者超量、频繁采集血液。

4. 技术要求 血站采集血液必须严格遵守有关操作规程和制度，采血必须由具有采血资格的医务人员进行，一次性采血器材用后必须销毁，确保献血者的身体健康。

5. 血液检测 血站对采集的血液必须进行检测；未经检测或者检测不合格的血液，不得向医疗机构提供。

6. 档案记录 血站采集血液后应建立献血档案，记录献血者的姓名、性别、出生日期、血型、献血量、献血日期、单位或地址、采者者签字，并加盖该血站采血专用章，并向献血者发放《无偿献血证》。严禁采集冒名顶替者的血液。

7. 记录保存 献血、检测和供血的原始记录应当至少保存10年；血液检测的全血标本的保存期应当与全血有效期相同，血清标本的保存期应当在全血有效期满后两年。

（二）供血管理

血液的供应由血站负责。

1. 发血 血站应当保证发出的血液质量符合国家有关标准，其品种、规格、数量、活性血型无差错；未经检测或者检测不合格的血液，不得向医疗机构提供。

2. 血液包装、储存和运输 血站向医疗机构提供的血液，其包装、储存和运输应当符合《血站质量管理规范》的要求。

（1）血液的包装 临床用血，血站和医疗机构应当使用符合国家规定的卫生标准和要求的包装袋进行包装，以确保血液的质量；血液包装袋上应标明：血站的名称及其许可证号；献血编号或者条形码；血型；血液品种；采血日期及时间或者制备日期及时间；有效日期及时间；储存条件。

（2）血液的储存 血站应当加强对其所设储血点的质量监督，确保储存条件，保证血液储存质量；按照临床需要进行储存和调换。

（3）血液的运输 血站和医疗机构应当使用符合卫生标准的运输工具进行血液的运输，以确保血液不被污染。

（三）禁止买卖无偿献血者的血液

无偿献血的血液必须用于临床，不得买卖。血站不得将无偿献血的血液出售给单采血浆站或者血液制品生产单位。

特殊血型的血液需要从外省、自治区、直辖市调配的，由省级人民法院卫生行政部批准。

血站应当制定紧急灾害应急预案，并从血源、管理制度、技术能力和设备条件等方面保证预案的实施。在紧急灾害发生时服从县级以上人民政府卫生健康主管部门的调遣。

第四节　临床用血的法律规定

临床用血是医疗过程中不可缺少的重要环节，遵循临床用血原则，加强临床用血管理，可以规范医疗机构科学、合理用血，保护血液资源，保障临床用血安全和医疗质量，最大限度发挥血液的功效，为用血者身体健康服务。

一、临床用血的原则

医疗机构临床用血应当制定用血计划，遵循合理、科学的原则，不得浪费和滥用血液；积极推行按血液成分针对医疗实际需要输血；同时国家鼓励临床用血新技术的研究和推广。

二、临床用血的管理

1. 管理机构 医疗机构应当设立由医院领导、业务主管部门及相关科室负责人组成的临床输血管理委员会，负责临床用血的规范管理和技术指导，开展临床合理用血、科学用血的教育和培训。二级以上医疗机构设立输血科（血库），在本院临床输血管理委员会领导下，负责本单位临床用血的计划申报，储存血液，对本单位临床用血制度执行情况进行检查，并参与临床有关疾病的诊断、治疗与科研，负责临床用血的技术指导和技术实施，确保贮血、配血和其他科学、合理用血措施的执行。血液包装不符合国家规定的卫生标准和要求的，应拒领拒收。

2. 临床用血核查 《献血法》规定，临床用血的包装、储存、运输，必须符合国家规定的卫生标准和要求；医疗机构对临床用血必须进行核查。医疗机构不得将不符合国家规定标准的血液用于临床。

（1）接收血液核对　医疗机构接收血站发送的血液后，应当对血袋标签进行核对。符合国家有关标准和要求的血液入库，做好登记；并按不同品种、血型和采血日期（或有效期），分别有序存放于专用储藏设施内。血袋标签核对的主要内容是：血站的名称；献血编号或条形码、血型；血液品种；采血日期及时间或者制备日期及时间；有效期及时间；储存条件。禁止将血袋标签不合格的血液入库。

（2）血液的发放和输血核对　医疗机构在血液发放输血时应进行核对，并指定医务人员负责血液的收领、发放工作。

根据《临床输血技术规范》的要求，取血与发血的双方必须共同查对患者的姓名、性别、病案号、门急诊（病室）、床号、血型、血液有效期及配血试验结果，以及保存血的外观等，准确无误时，双方共同签字后方可发出。凡血袋有下列情形之一的，一律不得发出：标签破损、字迹不清；血袋有破损、漏血；血液中有明显凝块；血浆呈乳糜状或者暗灰色；血浆中有明显气泡、絮状物或粗大颗粒；未摇动时血浆层与红细胞的界面不清或交界面出现溶血；红细胞层呈紫红色；过期或其他须查证的情况。

血液发出后，受血者和供血者的血样保存于 2~6℃ 冰箱，至少 7 天，以便对输血不良反应追查原因。血液发出后不得退回。

3. 储血设施　医疗机构储血设施应当保证运行有效，全血、红细胞的储藏温度应当控制在 2~6℃，血小板储藏温度应当控制在 20~24℃。储血保管人员应当做好血液储藏温度的 24 小时监测记录。储血环境应当符合卫生标准和要求。

4. 临床输血技术规范　申请输血应由主治医师逐项填写《临床输血申请单》，由主治医师核准签字，连同受血者血样于预定输血日期前送交输血科（血库）备血。

根据《临床输血技术规范》的要求，输血前由两名医护人员核对交叉配血报告单及血袋标签各项内容，检查血袋有无破损渗漏，血液颜色是否正常。准确无误方可输血。输血时，由两名医护人员带病历共同到患者床旁核对患者姓名、性别、年龄、病案号、门急诊/病室、床号、血型等，确认与配血报告相符，再次核对血液后，用符合标准的输血器进行输血。

输血完毕，医护人员将输血记录单（交叉配血报告单）贴在病历中，对有输血反应的应逐项填写患者输血反应回报单连同将血袋送回输血科（血库）保存、备查。

第五节　血液制品管理

一、血液制品的概念

血液制品，是特指各种人血浆蛋白制品。为了加强血液制品管理，预防和控制经血液途径传播的疾病，保证血液制品的质量，1996 年 12 月 30 日国务院发布了《血液制品管理条例》，2016 年修订。本条例适用于在中华人民共和国境内从事原料血浆的采集、供应以及血液制品的生产、经营活动。

二、原料血浆的管理

单采血浆站，由血液制品生产单位设置或者由县级人民政府卫生健康主管部门设置，专门从事单采血浆活动，具有独立法人资格。其他任何单位和个人不得从事单采血浆活动。

1. 单采血浆站的设置　国家实行单采血浆站统一规划、设置的制度。国务院卫生健康主管部门根据核准的全国生产用原料血浆的需求，对单采血浆站的布局、数量和规模制定总体规划。省、自治区、直辖市人民政府卫生健康主管部门根据总体规划制定本行政区域内单采血浆站设置规划和采集血浆的区域规划，并报国务院卫生健康主管部门备案。

在一个采血浆区域内，只能设置一个单采血浆站。单采血浆站只能对省、自治区、直辖市人民政府卫生健康主管部门划定区域内的供血浆者进行筛查和采集血浆。

2. 原料血浆的采集 原料血浆，是指由单采血浆站采集的专用于血液制品生产原料的血浆。

（1）健康检查 采血浆站必须对供血浆者进行健康检查；检查合格的，由县级人民政府卫生健康主管部门核发《供血浆证》。单采血浆站在采集血浆前，必须对供血浆者进行身份识别并核实其《供血浆证》，确认无误的，方可按照规定程序进行健康检查和血液化验；对检查、化验合格的，按照有关技术操作标准及程序采集血浆，并建立供血浆者健康检查及供血浆记录档案；对检查、化验不合格的，由单采血浆站收缴《供血浆证》，并由所在地县级人民政府卫生健康主管部门监督销毁。严禁采集无《供血浆证》者的血浆。

（2）血浆采集 单采血浆站必须使用单采血浆机械采集血浆，严禁手工操作采集血浆。采集的血浆必须按单人份冰冻保存，不得混浆。单采血浆站必须使用有产品批准文号并经国家药品生物制品检定机构逐批检定合格的体外诊断试剂以及合格的一次性采血浆器材。

（3）血浆供应 单采血浆站采集的原料血浆的包装、储存、运输，必须符合国家规定的卫生标准和要求。只能向一个与其签订质量责任书的血液制品生产单位供应原料血浆，严禁向其他任何单位（包括临床）供应原料血浆。国家禁止出口原料血浆。

三、血液制品生产、经营管理

血液制品生产单位必须获得《单采血浆许可证》，并依法向工商行政管理部门申领营业执照后，方可从事血液制品的生产活动。

血液制品生产单位在原料血浆投料生产前，必须使用有产品批准文号，同时需要经过国家药品生物制品检定机构逐批检定合格的体外诊断试剂，对每一份人血浆进行全面复检，并做检测记录。原料血浆经复检不合格的，不得投料生产。血液制品出厂前，必须经过质量检验：经检验不符合国家标准的，严禁出厂。生产、包装、储存、运输、经营血液制品，应当符合国家规定的卫生标准和要求。

第六节 法律责任

对违反《献血法》有关规定的行为，根据违法情节轻重，分别承担行政责任、民事责任和刑事责任。

一、行政责任

血站违反有关操作规程和制度采集血液，由县级以上地方人民政府卫生健康主管部门责令改正，对直接负责的主管人员和其他直接责任人员，依法给予行政处分。

临床用血的包装、储存、运输，不符合国家规定的卫生标准和要求的，由县级以上地方人民政府卫生健康主管部门责令改正，给予警告，可以并处一万元以下的罚款。

卫生健康主管部门及其工作人员在献血、用血的监督管理工作中，玩忽职守，造成严重后果，尚不构成犯罪的，依法给予行政处分。

二、民事责任

1. 血站违反有关操作规程和制度采集血液，给献血者健康造成损害的，应当依法赔偿。

2. 医疗机构的医务人员违反《献血法》规定，将不符合国家规定标准的血液用于患者的，由县级以上地方人民政府卫生健康主管部门责令改正；给患者健康造成损害的，应当依法赔偿。

三、刑事责任

《献血法》规定，下列情形，构成犯罪的，依法追究刑事责任。

1. 非法采集血液的。

2. 血站、医疗机构出售无偿献血的血液的。

3. 非法组织他人出卖血液的。

4. 血站违反有关操作规程和制度采集血液，给献血者健康造成损害。

5. 医疗机构的医务人员违反本法规定，将不符合国家规定标准的血液用于患者的，给患者健康造成损害的。

6. 血站向医疗机构提供不符合国家规定标准的血液的，情节严重，造成经血液途径传播的疾病传播或者有传播严重危险的。

7. 卫生健康主管部门及其工作人员在献血、用血的监督管理工作中，玩忽职守，造成严重后果的。

答案解析

✎ 练习题

一、单项选择题

1. 血站是采集、提供临床用血的机构，是不以（　　）为目的的公益性组织

　　A. 赢利　　　　　　　　　B. 营利

　　C. 净利　　　　　　　　　D. 让利

2. 血站对献血者（　　）免费进行必要的健康体检

　　A. 不可以　　　　　　　　B. 应该

　　C. 必须　　　　　　　　　D. 可以

3. 医疗机构临床用血应遵循的原则是（　　）

　　A. 遵循合理、科学的原则制订用血计划，不得浪费和滥用血液

　　B. 沿用传统输血，失多少补多少的原则

　　C. 随时联系血站，急用急取的原则

　　D. 根据临床需要，随用随取的原则

二、多项选择题

1. 我国健康公民自愿献血的年龄是（　　）

　　A. 18～50 周岁　　　　　　B. 20～60 周岁

　　C. 18～60 周岁　　　　　　D. 18～55 周岁

2. 卫生健康主管部门及其工作人员在（　　）监督管理工作中，玩忽职守，造成严重后果的，构成犯罪的，依法追究刑事责任；尚不构成犯罪的，依法给予行政处分

    A. 血液制品   B. 对采供血机构

    C. 献血、用血   D. 血液质量

三、简答题

1. 《献血法》中对无偿献血的对象有哪些规定？

2. 简述我国采血管理中采集血液量和间隔的相关规定。

（朱　娟）

书网融合⋯⋯

      本章小结   微课   题库

第十三章　精神卫生法律制度

PPT

学习目标

知识目标

1. 掌握精神障碍患者的合法权益、精神障碍诊断治疗和康复的法律规定。

2. 熟悉精神卫生工作的方针、原则和管理机制；心理健康促进和精神障碍预防的法律规定；违反精神卫生法的法律责任。

3. 了解我国精神卫生立法、规范精神卫生工作的法律意义。

能力目标

1. 能够运用精神卫生管理法律理论，对实践中相关法律问题进行分析和解决，明确精神卫生法律责任。

2. 具备正确应用精神卫生工作法律规范的能力。

素质目标

通过本章的学习，树立正确的精神卫生法治观，形成正确的执业理念和法治思维。

情境导入

情境：张某与李某是夫妻关系，两人因家庭琐事导致感情不和。妻子李某情绪波动较大，但并未发生伤害自身、危害他人安全的行为，或者有伤害自身、危害他人安全危险的情形。2023 年 1 月，张某将李某强行进行精神病鉴定并送至精神病院治疗，导致其无法正常工作，且对李某的名誉造成伤害。

思考：

1. 结合本案，谈谈精神障碍送诊规定及精神障碍的诊断依据分别是什么？

2. 结合本案，谈谈精神障碍住院治疗的原则是什么？

解析

为发展精神卫生事业，规范精神卫生服务，维护精神障碍患者的合法权益，2012 年 10 月 26 日，第十一届全国人民代表大会常务委员会第二十九次会议通过了《中华人民共和国精神卫生法》（以下简称《精神卫生法》），自 2013 年 5 月 1 日起施行。2018 年 4 月 27 日第十三届全国人民代表大会常务委员会第二次会议对《精神卫生法》进行了修正。我国《精神卫生法》由总则、心理健康促进和精神障碍预防、精神障碍的诊断和治疗、精神障碍的康复、保障措施、法律责任、附则七章构成，一共 85 条。

第一节　概　述

一、精神卫生法律制度概述

1. 适用范围　在我国境内开展维护和增进公民心理健康、预防和治疗精神障碍、促进精神障碍患者康复的活动，适用精神卫生法。

2. 精神卫生工作的方针和原则 我国精神卫生工作实行预防为主的方针，坚持预防、治疗和康复相结合的原则。国家鼓励和支持开展精神卫生科学技术研究，发展现代医学、我国传统医学、心理学，提高精神障碍预防、诊断、治疗、康复的科学技术水平。

3. 管理机制 精神卫生工作实行政府组织领导、部门各负其责、家庭和单位尽力尽责、全社会共同参与的综合管理机制。

县级以上人民政府领导精神卫生工作，将其纳入国民经济和社会发展规划，建设和完善精神障碍的预防、治疗和康复服务体系，建立健全精神卫生工作协调机制和工作责任制，对有关部门承担的精神卫生工作进行考核、监督。乡镇人民政府和街道办事处根据本地区的实际情况，组织开展预防精神障碍发生、促进精神障碍患者康复等工作。

国务院卫生健康主管部门主管全国的精神卫生工作。县级以上地方人民政府卫生健康主管部门主管本行政区域的精神卫生工作。县级以上人民政府司法行政、民政、公安、教育、医疗保障等部门在各自职责范围内负责有关的精神卫生工作。

二、精神障碍患者合法权益保护

根据精神活动严重程度，我国分为精神障碍和严重精神障碍。精神障碍是指由各种原因引起的感知、情感和思维等精神活动的紊乱或者异常，导致患者明显的心理痛苦或者社会适应等功能损害。严重精神障碍是指疾病症状严重，导致患者社会适应等功能严重损害、对自身健康状况或者客观现实不能完整认识，或者不能处理自身事务的精神障碍。

精神障碍患者的人格尊严、人身和财产安全不受侵犯。精神障碍患者的教育、劳动、医疗以及从国家和社会获得物质帮助等方面的合法权益受法律保护。有关单位和个人应当对精神障碍患者的姓名、肖像、住址、工作单位、病历资料以及其他可能推断出其身份的信息予以保密；但是，依法履行职责需要公开的除外。

精神障碍患者的监护人应当履行监护职责，维护精神障碍患者的合法权益。禁止对精神障碍患者实施家庭暴力，禁止遗弃精神障碍患者。

国家鼓励和支持开展精神卫生专门人才的培养，维护精神卫生工作人员的合法权益，加强精神卫生专业队伍建设。

知识链接

监护人

父母是未成年子女的监护人。未成年人的父母已经死亡或者没有监护能力的，由下列有监护能力的人按顺序担任监护人：①祖父母、外祖父母；②兄、姐；③其他愿意担任监护人的个人或者组织，但是须经未成年人住所地的居民委员会、村民委员会或者民政部门同意。

无民事行为能力或者限制民事行为能力的成年人，由下列有监护能力的人按顺序担任监护人：①配偶；②父母、子女；③其他近亲属；④其他愿意担任监护人的个人或者组织，但是须经被监护人住所地的居民委员会、村民委员会或者民政部门同意。

三、心理健康促进和精神障碍预防

1. 各级人民政府和县级以上人民政府有关部门应当采取措施，加强心理健康促进和精神障碍预防工作，提高公众心理健康水平。各级人民政府和县级以上人民政府有关部门制定的突发事件应急预案，应当包括心理援助的内容。发生突发事件，履行统一领导职责或者组织处置突发事件的人民政府应当根据突发事件的具体情况，按照应急预案的规定，组织开展心理援助工作。

2. 用人单位应当创造有益于职工身心健康的工作环境，关注职工的心理健康；对处于职业发展特定时期或者在特殊岗位工作的职工，应当有针对性地开展心理健康教育。

3. 各级各类学校应当对学生进行精神卫生知识教育；配备或者聘请心理健康教育教师、辅导人员，并可以设立心理健康辅导室，对学生进行心理健康教育。学前教育机构应当对幼儿开展符合其特点的心理健康教育。

4. 医务人员开展疾病诊疗服务，应当按照诊断标准和治疗规范的要求，对就诊者进行心理健康指导；发现就诊者可能患有精神障碍的，应当建议其到符合《精神卫生法》规定的医疗机构就诊。

5. 监狱、看守所、拘留所、强制隔离戒毒所等场所，应当对服刑人员，被依法拘留、逮捕、强制隔离戒毒的人员等，开展精神卫生知识宣传，关注其心理健康状况，必要时提供心理咨询和心理辅导。

6. 县级以上地方人民政府人力资源社会保障、教育、卫生、司法行政、公安等部门应当在各自职责范围内分别对《精神卫生法》规定的单位履行精神障碍预防义务的情况进行督促和指导。

7. 村民委员会、居民委员会应当协助所在地人民政府及其有关部门开展社区心理健康指导、精神卫生知识宣传教育活动，创建有益于居民身心健康的社区环境。乡镇卫生院或者社区卫生服务机构应当为村民委员会、居民委员会开展社区心理健康指导、精神卫生知识宣传教育活动提供技术指导。

8. 家庭成员之间应当相互关爱，创造良好、和睦的家庭环境，提高精神障碍预防意识；发现家庭成员可能患有精神障碍的，应当帮助其及时就诊，照顾其生活，做好看护管理。

9. 国家鼓励和支持新闻媒体、社会组织开展精神卫生的公益性宣传，普及精神卫生知识，引导公众关注心理健康，预防精神障碍的发生。

10. 心理咨询人员应当提高业务素质，遵守执业规范，为社会公众提供专业化的心理咨询服务。心理咨询人员不得从事心理治疗或者精神障碍的诊断、治疗。心理咨询人员发现接受咨询的人员可能患有精神障碍的，应当建议其到符合本法规定的医疗机构就诊。心理咨询人员应当尊重接受咨询人员的隐私，并为其保守秘密。

11. 国务院卫生健康主管部门建立精神卫生监测网络，实行严重精神障碍发病报告制度，组织开展精神障碍发生状况、发展趋势等的监测和专题调查工作。国务院卫生健康主管部门应当会同有关部门、组织，建立精神卫生工作信息共享机制，实现信息互联互通、交流共享。

第二节　精神障碍的诊断和治疗

一、开展精神障碍诊断、治疗活动应当具备的条件

根据《精神卫生法》，开展精神障碍诊断、治疗活动，应当具备下列条件，并依照医疗机构的管理规定办理有关手续。

1. 有与从事的精神障碍诊断、治疗相适应的精神科执业医师、护士。

2. 有满足开展精神障碍诊断、治疗需要的设施和设备。

3. 有完善的精神障碍诊断、治疗管理制度和质量监控制度。

从事精神障碍诊断、治疗的专科医疗机构还应当配备从事心理治疗的人员。

二、精神障碍诊断、治疗

精神障碍的诊断、治疗，应当遵循维护患者合法权益、尊重患者人格尊严的原则，保障患者在现有条件下获得良好的精神卫生服务。

（一）精神障碍诊断

1. 送诊 除个人自行到医疗机构进行精神障碍诊断外，疑似精神障碍患者的近亲属可以将其送往医疗机构进行精神障碍诊断。对查找不到近亲属的流浪乞讨疑似精神障碍患者，由当地民政等有关部门按照职责分工，帮助送往医疗机构进行精神障碍诊断。疑似精神障碍患者发生伤害自身、危害他人安全的行为，或者有伤害自身、危害他人安全的危险的，其近亲属、所在单位、当地公安机关应当立即采取措施予以制止，并将其送往医疗机构进行精神障碍诊断。

2. 诊断依据 精神障碍的诊断应当以精神健康状况为依据。除法律另有规定外，不得违背本人意志进行确定其是否患有精神障碍的医学检查。

3. 出具诊断结论 医疗机构接到送诊的疑似精神障碍患者，不得拒绝为其作出诊断。精神障碍的诊断应当由精神科执业医师作出。医疗机构接到依照规定送诊的发生伤害自身、危害他人安全的行为，或者有伤害自身、危害他人安全的危险的疑似精神障碍患者，应当将其留院，立即指派精神科执业医师进行诊断，并及时出具诊断结论。

（二）精神障碍治疗

1. 住院治疗原则 精神障碍的住院治疗实行自愿原则。诊断结论、病情评估表明，就诊者为严重精神障碍患者并有下列情形之一的，应当对其实施住院治疗：①已经发生伤害自身的行为，或者有伤害自身的危险的；②已经发生危害他人安全的行为，或者有危害他人安全的危险的。

精神障碍患者有上述第一种情形的，经其监护人同意，医疗机构应当对患者实施住院治疗；监护人不同意的，医疗机构不得对患者实施住院治疗。监护人应当对在家居住的患者做好看护管理。精神障碍患者有第二种情形，患者或者其监护人对需要住院治疗的诊断结论有异议，不同意对患者实施住院治疗的，可以要求再次诊断和鉴定。

再次诊断结论或者鉴定报告表明，不能确定就诊者为严重精神障碍患者，或者患者不需要住院治疗的，医疗机构不得对其实施住院治疗。再次诊断结论或者鉴定报告表明，精神障碍患者有第二项情形的，其监护人应当同意对患者实施住院治疗。监护人阻碍实施住院治疗或者患者擅自脱离住院治疗的，可以由公安机关协助医疗机构采取措施对患者实施住院治疗。

2. 住院患者的权利 医疗机构应当配备适宜的设施、设备，保护就诊和住院治疗的精神障碍患者的人身安全，防止其受到伤害，并为住院患者创造尽可能接近正常生活的环境和条件。医疗机构及其医务人员应当遵循精神障碍诊断标准和治疗规范，制定治疗方案，并向精神障碍患者或者其监护人告知治疗方案和治疗方法、目的以及可能产生的后果。对精神障碍患者使用药物，应当以诊断和治疗为目的，使用安全、有效的药物，不得为诊断或者治疗以外的目的使用药物。医疗机构不得强迫精神障碍患者从事生产劳动。禁止对依照规定实施住院治疗的精神障碍患者实施以治疗精神障碍为目的的外科手术。医疗机构及其医务人员应当尊重住院精神障碍患者的通信和会见探访者等权利。除在急性发病期或者为了避免妨碍治疗可以暂时性限制外，不得限制患者的通信和会见探访者等权利。医疗机构及其医务人员应当在病历资料中如实记录精神障碍患者的病情、治疗措施、用药情况、实施约束、隔离措施等内容，并如实告知患者或者其监护人。患者及其监护人可以查阅、复制病历资料；但是，患者查阅、复制病历资料可能对其治疗产生不利影响的除外。病历资料保存期限不得少于三十年。医疗机构不得因就诊者是精神障碍患者，推诿或者拒绝为其治疗属于本医疗机构诊疗范围的其他疾病。

3. 约束、隔离等保护性医疗措施 精神障碍患者在医疗机构内发生或者将要发生伤害自身、危害他人安全、扰乱医疗秩序的行为，医疗机构及其医务人员在没有其他可替代措施的情况下，可以实施约束、隔离等保护性医疗措施。实施保护性医疗措施应当遵循诊断标准和治疗规范，并在实施后告知患者的监护人。禁止利用约束、隔离等保护性医疗措施惩罚精神障碍患者。

4. 告知义务 医疗机构对精神障碍患者实施下列治疗措施，应当向患者或者其监护人告知医疗风险、替代医疗方案等情况，并取得患者的书面同意；无法取得患者意见的，应当取得其监护人的书面同意，并经本医疗机构伦理委员会批准：①导致人体器官丧失功能的外科手术；②与精神障碍治疗有关的实验性临床医疗。实施前述第一项治疗措施，因情况紧急查找不到监护人的，应当取得本医疗机构负责人和伦理委员会批准。禁止对精神障碍患者实施与治疗其精神障碍无关的实验性临床医疗。

5. 精神障碍患者出院 自愿住院治疗的精神障碍患者可以随时要求出院，医疗机构应当同意。对有已经发生伤害自身的行为，或者有伤害自身的危险的情形的精神障碍患者实施住院治疗的，监护人可以随时要求患者出院，医疗机构应当同意。医疗机构认为前述精神障碍患者不宜出院的，应当告知不宜出院的理由；患者或者其监护人仍要求出院的，执业医师应当在病历资料中详细记录告知的过程，同时提出出院后的医学建议，患者或者其监护人应当签字确认。

对有已经发生危害他人安全的行为，或者有危害他人安全的危险情形的精神障碍患者实施住院治疗，医疗机构认为患者可以出院的，应当立即告知患者及其监护人。

医疗机构应当根据精神障碍患者病情，及时组织精神科执业医师对依照规定实施住院治疗的患者进行检查评估。评估结果表明患者不需要继续住院治疗的，医疗机构应当立即通知患者及其监护人。

6. 未住院治疗患者的看护 精神障碍患者的监护人应当妥善看护未住院治疗的患者，按照医嘱督促其按时服药、接受随访或者治疗。村民委员会、居民委员会、患者所在单位等应当依患者或者其监护人的请求，对监护人看护患者提供必要的帮助。

7. 心理治疗活动 心理治疗活动应当在医疗机构内开展。专门从事心理治疗的人员不得从事精神障碍的诊断，不得为精神障碍患者开具处方或者提供外科治疗。

第三节　精神障碍的康复

一、康复技术指导

1. 社区康复机构 社区康复机构应当为需要康复的精神障碍患者提供场所和条件，对患者进行生活自理能力和社会适应能力等方面的康复训练。

2. 医疗机构 医疗机构应当为在家居住的严重精神障碍患者提供精神科基本药物维持治疗，并为社区康复机构提供有关精神障碍康复的技术指导和支持。

3. 村民委员会、居民委员会 村民委员会、居民委员会应当为生活困难的精神障碍患者家庭提供帮助，并向所在地乡镇人民政府或者街道办事处以及县级人民政府有关部门反映患者及其家庭的情况和要求，帮助其解决实际困难，为患者融入社会创造条件。

4. 残疾人组织或者残疾人康复机构 残疾人组织或者残疾人康复机构应当根据精神障碍患者康复的需要，组织患者参加康复活动。

5. 用人单位 用人单位应当根据精神障碍患者的实际情况，安排患者从事力所能及的工作，保障患者享有同等待遇，安排患者参加必要的职业技能培训，提高患者的就业能力，为患者创造适宜的工作环境，对患者在工作中取得的成绩予以鼓励。

6. 精神障碍患者的监护人　精神障碍患者的监护人应当协助患者进行生活自理能力和社会适应能力等方面的康复训练。精神障碍患者的监护人在看护患者过程中需要技术指导的，社区卫生服务机构或者乡镇卫生院、村卫生室、社区康复机构应当提供。

二、严重精神障碍患者的健康档案

社区卫生服务机构、乡镇卫生院、村卫生室应当建立严重精神障碍患者的健康档案，对在家居住的严重精神障碍患者进行定期随访，指导患者服药和开展康复训练，并对患者的监护人进行精神卫生知识和看护知识的培训。县级人民政府卫生健康主管部门应当对社区卫生服务机构、乡镇卫生院、村卫生室开展上述工作给予指导和培训。

第四节　法律责任

一、违反精神卫生法的行政责任

（一）卫生健康主管部门和其他有关部门

县级以上人民政府卫生健康主管部门和其他有关部门未依照《精神卫生法》规定履行精神卫生工作职责，或者滥用职权、玩忽职守、徇私舞弊的，由本级人民政府或者上一级人民政府有关部门责令改正，通报批评，对直接负责的主管人员和其他直接责任人员依法给予警告、记过或者记大过的处分；造成严重后果的，给予降级、撤职或者开除的处分。

（二）医疗机构及其工作人员

不符合《精神卫生法》规定条件的医疗机构擅自从事精神障碍诊断、治疗的，由县级以上人民政府卫生健康主管部门责令停止相关诊疗活动，给予警告，并处五千元以上一万元以下罚款，有违法所得的，没收违法所得；对直接负责的主管人员和其他直接责任人员依法给予或者责令给予降低岗位等级或者撤职、开除的处分；对有关医务人员，吊销其执业证书。

医疗机构及其工作人员有下列行为之一的，由县级以上人民政府卫生健康主管部门责令改正，给予警告；情节严重的，对直接负责的主管人员和其他直接责任人员依法给予或者责令给予降低岗位等级或者撤职、开除的处分，并可以责令有关医务人员暂停一个月以上六个月以下执业活动：①拒绝对送诊的疑似精神障碍患者作出诊断的；②对依照《精神卫生法》第三十条第二款规定实施住院治疗的患者未及时进行检查评估或者未根据评估结果作出处理的。

医疗机构及其工作人员有下列行为之一的，由县级以上人民政府卫生健康主管部门责令改正，对直接负责的主管人员和其他直接责任人员依法给予或者责令给予降低岗位等级或者撤职的处分；对有关医务人员，暂停六个月以上一年以下执业活动；情节严重的，给予或者责令给予开除的处分，并吊销有关医务人员的执业证书：①违反《精神卫生法》规定实施约束、隔离等保护性医疗措施的；②违反《精神卫生法》规定，强迫精神障碍患者劳动的；③违反《精神卫生法》规定对精神障碍患者实施外科手术或者实验性临床医疗的；④违反《精神卫生法》规定，侵害精神障碍患者的通信和会见探访者等权利的；⑤违反精神障碍诊断标准，将非精神障碍患者诊断为精神障碍患者的。

（三）心理咨询人员、专门从事心理治疗人员

有下列情形之一的，由县级以上人民政府卫生健康主管部门、工商行政管理部门依据各自职责责令

改正，给予警告，并处五千元以上一万元以下罚款，有违法所得的，没收违法所得；造成严重后果的，责令暂停六个月以上一年以下执业活动，直至吊销执业证书或者营业执照：①心理咨询人员从事心理治疗或者精神障碍的诊断、治疗的；②从事心理治疗的人员在医疗机构以外开展心理治疗活动的；③专门从事心理治疗的人员从事精神障碍的诊断的；④专门从事心理治疗的人员为精神障碍患者开具处方或者提供外科治疗的。

（四）其他行政责任

在精神障碍的诊断、治疗、鉴定过程中，寻衅滋事，阻挠有关工作人员依照《精神卫生法》的规定履行职责，扰乱医疗机构、鉴定机构工作秩序的，依法给予治安管理处罚。违反《精神卫生法》规定，有其他构成违反治安管理行为的，依法给予治安管理处罚。

二、违反精神卫生法的民事责任

心理咨询人员、专门从事心理治疗的人员在心理咨询、心理治疗活动中造成他人人身、财产或者其他损害的，依法承担民事责任。

有关单位和个人违反对精神障碍患者的姓名、肖像、住址、工作单位、病历资料以及其他可能推断出其身份的信息予以保密的规定，给精神障碍患者造成损害的，依法承担赔偿责任；对单位直接负责的主管人员和其他直接责任人员，还应当依法给予处分。

违反《精神卫生法》规定，有下列情形之一，给精神障碍患者或者其他公民造成人身、财产或者其他损害的，依法承担赔偿责任：①将非精神障碍患者故意作为精神障碍患者送入医疗机构治疗的；②精神障碍患者的监护人遗弃患者，或者有不履行监护职责的其他情形的；③歧视、侮辱、虐待精神障碍患者，侵害患者的人格尊严、人身安全的；④非法限制精神障碍患者人身自由的；⑤其他侵害精神障碍患者合法权益的情形。

医疗机构出具的诊断结论表明精神障碍患者应当住院治疗而其监护人拒绝，致使患者造成他人人身、财产损害的，或者患者有其他造成他人人身、财产损害情形的，其监护人依法承担民事责任。

三、违反精神卫生法的刑事责任

违反《精神卫生法》规定，构成犯罪的，依法追究刑事责任。

精神障碍患者或者其监护人、近亲属认为行政机关、医疗机构或者其他有关单位和个人违反《精神卫生法》规定侵害患者合法权益的，可以依法提起诉讼。

答案解析

✎ 练习题

一、单项选择题

1. 主管全国精神卫生工作的是（　　）

    A. 国务院卫生健康主管部门　　B. 教育部门　　　　　　　C. 司法行政部门

    D. 民政部门　　　　　　　　　E. 公安部门

2. 精神障碍的诊断的依据为（　　）

    A. 监护人需求　　　　　　　　B. 精神健康状况　　　　　　C. 患者意愿

    D. 社会舆论　　　　　　　　　E. 社会发展

3. 不符合规定条件的医疗机构擅自从事精神障碍诊断、治疗的，由县级以上人民政府卫生健康主管部门责令停止相关诊疗活动，给予警告，并处（ ）以下罚款，有违法所得的，没收违法所得

A. 一千元以上一万元 B. 五千元以上十万元 C. 五千元以上一万元

D. 三千元以上一万元 E. 五千元以上三万元

二、多项选择题

1. 以下关于精神障碍患者合法权益描述，正确的有（ ）

 A. 精神障碍患者的人格尊严、人身和财产安全不受侵犯

 B. 精神障碍患者的教育、劳动、医疗以及从国家和社会获得物质帮助等方面的合法权益受法律保护

 C. 有关单位和个人应当对精神障碍患者的姓名、肖像、住址、工作单位、病历资料以及其他可能推断出其身份的信息予以保密；但是，依法履行职责需要公开的除外

 D. 任何组织或者个人不得歧视、侮辱、虐待精神障碍患者，不得非法限制精神障碍患者的人身自由

 E. 新闻报道和文学艺术作品等不得含有歧视、侮辱精神障碍患者的内容

2. 开展精神障碍诊断、治疗活动，应当具备的条件和要求包括（ ）

 A. 有与从事的精神障碍诊断、治疗相适应的精神科执业医师、护士

 B. 有满足开展精神障碍诊断、治疗需要的设施和设备

 C. 有完善的精神障碍诊断、治疗管理制度和质量监控制度

 D. 从事精神障碍诊断、治疗的专科医疗机构还应当配备从事心理治疗的人员

三、简答题

1. 请根据本章所学知识，讲述精神障碍诊断、治疗的相关规定。

2. 请根据本章所学知识，讲述违反《精神卫生法》的行政责任。

（郭　宁）

书网融合……

本章小结

微课

题库

参考文献

［1］吕慕. 卫生法律法规［M］. 北京：科学出版社，2022.

［2］李志强. 卫生法律法规［M］. 北京：科学出版社，2017.

［3］吴敏泉，屈海宏. 卫生法律法规［M］. 北京：中国医药科技出版社，2023.

［4］王峰. 卫生法律法规［M］. 北京：科学出版社，2016.

［5］李国宝，叶松. 卫生法律法规［M］. 北京：科学技术文献出版社，2017.

［6］谢锦灵，刘俊须. 卫生法律法规［M］. 北京：科学出版社，2021.

［7］李顺见，李洪生. 卫生法律法规［M］. 4 版. 北京：人民卫生出版社，2022.

［8］罗卫群. 卫生法律法规［M］. 3 版. 北京：人民卫生出版社，2017.

［9］苏碧芳，陈兰云. 卫生法律法规［M］. 北京：人民卫生出版社，2016.

［10］颜巧元. 卫生法律法规［M］. 北京：北京出版社，2014.

［11］姜丽芳. 卫生法律法规［M］. 北京：人民军医出版社，2014.

［12］汪建荣. 卫生法［M］. 5 版. 北京：人民卫生出版社，2018.

［13］李宇阳. 卫生法学案例与实训教程［M］. 杭州：浙江大学出版社，2017.

［14］张静，赵敏. 卫生法学［M］. 北京：清华大学出版社，2014.

［15］王高峰，林斌松，陈志红. 卫生法规［M］. 北京：中国协和医科大学出版社，2021.

［16］张绍异，彭骅. 护理伦理与法律法规［M］. 北京：中国医药科技出版社，2023.

［17］保颖怡. 护理伦理与卫生法律法规［M］. 北京：人民卫生出版社，2022.

［18］樊立华. 卫生法学概论［M］. 北京：人民卫生出版社，2017.

［19］医师资格考试指导用书专家编写组. 2023 国家医师资格考试医学综合指导用书医学人文概要［M］.
北京：人民卫生出版社，2022.

［20］蒋祎. 卫生法［M］. 北京：人民卫生出版社，2020.

［21］汪建荣. 卫生法［M］. 5 版. 北京：人民卫生出版社，2018.